「ニコニコ細胞」が
幸せな現実を
引き寄せる!

幸せ波動をキャッチする
天使の気功♪

Angel Hiro《エンジェル・ヒロ》

BAB JAPAN

目次

はじめに

はじめまして、Angel《エンジェル》 Hiro《ヒロ》です♪（笑）
変な名前！　とか突っ込んでくれた人いますか？（笑）
もちろん、本名ではありません。芸名みたいなものです（笑）

唐突ですが、
「みなさん、毎日幸せを感じていますか？」
僕は、超――幸せを感じる日々を過ごしています♪（笑）
こんな自慢話からはじめると、いきなり本を閉じられてしまいそうなので、ここだけの秘密の話を。。。
って、本に書いた時点で秘密ではなくなっていますが（笑）
今は超――幸せな日々を過ごしていますが、実は僕の20代半ばまでの人生はかなり辛く苦しい人生だったのです。

4才のときに、道路に落とされてアスファルトに後頭部を打ちつける事故にあったのをきっかけに、体が弱くなり、精神的にも神経症と言われるくらい過敏になってしまったのです。

喘息《ぜんそく》も持っていて、アレルギー性鼻炎も酷く、普通に呼吸をすることが難しい時期もありました。

夜は、いつも鼻で呼吸ができないために深い眠りにつくことができず、金縛りに悩まされました。

また睡眠中に、鼻が詰まって口で呼吸をしているため、喉が腫れてしまい、毎朝唾を飲み込むのがすごく痛かったのを覚えています。

とにかく**肉体的にいろいろな問題を抱えていたため、生きること自体が結構辛かった**のです。

さらに、小学校6年生になってから、突然、**クラスのほぼ全員からいじめられるようになり**、6年間付き合ってきた友達がどんどん離れていき、汚いもののように扱われるようになるという体験が起こりました。

それはとっても過酷な体験でした。

男の子だけでなく、女の子からもいじめられるようになり、精神的ダメージから熱が出るようになり、登校拒否をするようになりました。

そして、ものすごい人間不信の塊のようになってしまったのです。

心の中は真っ暗闇になり、

「みんな死んでしまえ!」

「この世界の全てが消えてしまえ!」

と**悪魔のような内面と向き合い続けていました(笑)**

中学に入ると、ギックリ腰が頻繁に起こるようになり、整体に週一回ペースで通わないと腰が痛くてたまらない状態になり、肉体的にますます辛くなっていきました。

体が辛かったことと、いじめのトラウマから、自殺願望がとても強かったのですが、死ぬのが怖くて死ぬことも選べず、いつも心を悩ませていました。

できることなら、宇宙から魂そのものを抹消してほしい! と思っていました。

そして、大学4年生のときに大恋愛を体験し、「やっと幸せがやってきた！」と、思ったのもつかの間、その後の大失恋で奈落の底に突き落とされたような酷い鬱《うつ》の状態になってしまったのです。

精神的ダメージで布団から起き上がれず、毎日眠り続けてしまう「眠り王子」のような日々を過ごし（笑）、**夢と現実の境がなくなるような状態**でした。

さらには、社会人になってから重症の椎間板ヘルニアと医師に宣告される状態にまでなり、寝返りを打つ度に激痛で目が覚めてしまうようになりました。

ついには、靴下も自分で履けなくなるまで体が固くなり、母親に靴下を履かせてもらって会社に行くほどでした。

アレルギー性鼻炎もますます酷くなり、2、3日おきに耳鼻科に通わなければなりませんでした。

週末は、耳鼻科と整形外科をハシゴしていました（笑）

アレルギーを抑える強い薬と、ヘルニアの痛み止めの薬を飲み続け、胃腸も弱かったので胃腸薬も飲み、本当に**薬漬けの生活**でした。

こんな状態だったため、なんとかして自分の人生を変えたいと思い、**心理学やスピリチュアルな世界の勉強もしていきました。**

しかし、心理学やスピリチュアルのことを学ぶと、確かに心のことが理解でき、自分が変わったような気分になり、一時的に悩みが解消されるようになったのですが、どうしても一時的な対症療法のようなものばかりで、**悩みのループ状態からは結局抜け出せなかったのです。**

ところが、この本で紹介する**エンジェルたいっち♪**を続けているうちに、

「すべてがつながっている！♪」

というインスピレーションがふつふつと湧きあがり、そのインスピレーションを大切にして修練し続けていくうちに、すごいスピードで心が楽になり、**驚くようなシンクロニシティーが連続して起こるようになり、毎日幸せを感じる素晴らしい人生になってしまった**のです。

生きていくのが辛いよ〜

エンジェルたいっち♪を行って、
「頭」ではなく、「体」で
幸せな現実を引き寄せると……

なんだか毎日が幸せだな〜♪

そして、毎日幸せを感じ始めると、不思議なことに、**現実レベルで実際に幸せな出来事が引き寄せられるようになった**のです。

その中でも一番大きな変化は、サラリーマンをやめて自分の大好きな仕事をするようになり、用賀駅から徒歩2分という立地の場所に、株式会社ハッピーハッピークリスタルスクールを設立し、1年後には会社の近くに引っ越しをして通勤が便利になり、さらには、駅から徒歩1分の場所に天然石のお店「ハッピーハッピークリスタルショップ&サロン」をオープンできてしまったことです。

驚くような幸運が度重なって、用賀の駅の近くに会社、お店、サロン、自宅を構える状況になったのです。

その他にも、日本ではたった二人にしか資格が与えられていない**米国クリスタルアカデミーの認定ティーチャーの資格をもらえたり**、ある道教のマスターからも**「あなたは既にタオ（道）を生きている。チベットの高僧と同じ波動を持っている」**などと言われ、そのマスターが受け継いできた修練法を伝える**正統な継承者の資格をもらったりした**のです。

この本で伝えたい「ある法則」に気づいたころから、「一生懸命願いをかなえよう！」と思わなくなったのにもかかわらず、幸せな現実がどんどん引き寄せられるようになったのです。

体がほぐれることで、心がほぐれ、幸せな現実が引き寄せられていく♪

とってもシンプルなことでした。

多くの人が、幸せになろう！　と頭を使って頑張ろうとします♪

しかし、頭を使って幸せになろうとしても、その幸せになるための努力が間違った方向に向かっていると、幸せになるのが難しくなるのです。

以前の僕は「幸せになろう！」と頑張っているのに、うまくいかないタイプでした。

もし同じように、頑張っているのに幸せになれない！　と思っている人がいたとしたら、僕がその状態から抜け出したように、この本の幸せ法則が役に立ったらいいなと思います♪

この本で伝えたいのは、頭で頑張って幸せな現実を引き寄せるのではなく、体で自然に幸せな現実を引き寄せる♪、シンプルかつ、ミラクルが起こる、新しいタイプの「引き寄せの法則♪」です（笑）

頭で頑張って自分を磨いたり、自分を変えたりしないのに、現実が驚くほど幸せな方向に変化していくという不思議な気功法を、ぜひ、多くの人に知ってもらえたらと思い、この本を書くことにしました♪

健全な肉体には、健全な魂が宿る。

昔から言われていることですが、僕の体験は本当にその通りでした。

僕が、どん底のボロボロ状態から、毎日が楽しくて仕方ないという人生に変化していく過程で得たエッセンスを、多くの人に伝えられたらいいなと思っています♪

たいっち♪を続けた人達からは、

「本当に毎日幸せを感じるようになった♪」
「運命の出会いが起こって結婚しました」
「楽しい仕事に出会い、幸せいっぱいです」
「家族との関係が変わって、とっても幸せになった」

などなど沢山のミラクル体験が報告されています。

僕自身、たいっち♪を続けたことで起こったミラクル体験の一つは、今この瞬間に行って

いる「このこと」です（笑）

そう！
たいっち♪の本を書くことになるなんて、過去のボロボロの僕から考えたら、超ーミラクル体験です。
しかも、かつての僕は、国語が大嫌いで、文を書くのが大嫌いだったのですから。。。（笑）
今、こうして本を書いていることが本当に不思議です（笑）

僕がたいっち♪で引き寄せた幸せなミラクル体験は、数えきれないほど沢山あります。

その自分の人生のミラクル体験だけでも面白い本が書けると思います♪

幸せなミラクル体験について書き始めると、必ずこんな風に思う人がいると思います。

「この本に書かれていることを信じたら、すごいことが起こるかも——♪」

しかし、最初にお伝えしておきたいのは、

「この本に書いてあることを信じても、一切効果は保証しません（笑）」

と、いうことです。

後ほど詳しくお話ししますが、**信じる力ではない「別の力」が本当の幸せを引き寄せる**のです♪

あまりにも沢山のミラクル報告があるので、たいっち♪を宗教のようにとらえて、信じてしまう人もいるのですが、「たいっち♪を信じる者は救われません」（笑）
たいっち♪は、宗教ではありません。
信じるのではなく、面白そう！　と思った方は、この本を最後まで読んだ上で、**自分の意志で実践することで、幸せを引き寄せられるようになるかもしれません？（笑）**
たいっち♪したら必ず幸せになれます！　とは書いていません。
信じる者は救われない♪（笑）
という理論が後ほど出てきますので、興味のある方はぜひ、本書を最後まで読み続けてください。
くれぐれも最後まで。。。（笑）
それでは、Angel Hiro の不思議ワールドへようこそ！（笑）

Chapter 1 エンジェルたいっち♪とは？

対極のエネルギーバランスを取る

エンジェルたいっち♪は、Angel Tairo がボロボロの人生から毎日幸せを感じる人生に至るまでに得てきた、**「すべてがつながっている♪」**という考え方のエッセンスと、ある気功法（後で紹介します）の修練を融合させたものです。

「すべてがつながっている世界（ワンネス）を体感する」という意図を持って気功を修練することで幸せを感じやすくなり、自分が何を望み、どこに進んでいきたいのかが自分自身でわかるようになっていく、自立を促す気功法です。

そして、自立できるからこそ人生を自由に楽しく創造できるようになり、毎日幸せを感じられるようになるのです。

人生を「癒しの旅」から、「楽しみの旅」に変えていきたい方におすすめの気功法です。

たいっち♪では、主に体を動かして全身の気の流れをよくしていく「動功《どうこう》」と、瞑想のように静かに座って気を溜める「静功《せいこう》」を行います。

動功《どうこう》

体を動かして、全身の気の流れをよくしていく。

静功《せいこう》

瞑想のように静かに座って、気を溜める。

動功の動きは簡単な体操のようなものなので、**年齢に関係なく実践することができます。**

また、体が固くても実践することができるので、ヨガのような柔軟性は必要ありません。

僕自身、椎間板ヘルニアの重症の時は、体がガチガチに固かったのですが、実践し続けた結果、気の流れがよくなって今では**体がとっても柔らかくなった**のです。


静かに座って気を溜める静功と、動くことで気の流れをよくする動功を行うことで、**静と動という対極のエネルギーのバランス調整を促してくれます。**


対極のエネルギーについての理解が深まると、生と死、光と闇、創造と破壊など対極に存在する物事を自然に受け入れられるようになっていきます。

すると、**自分自身の心の中の暗い部分（陰）と明るい部分（陽）を、そっくりそのまま受け入れられるようになり、**肩の力が抜けて、とってもリラックスしたあるがままの自然体の自分で生きられるようになっていくのです。

また、自分の中でバランスが取れるようになると、日常の中で落ち込みにくくなったり、立ち直りが早くなったりするので、**心が安定した状態を保ちやすくなります。**

たいっち♪とは何か？ということを簡単に言葉で表すと以上のような感じなのですが、これだけでは、どのようなものなのかを捉えにくいと思います。

なので、たいっち♪を続けるとどうなっていくのか？　どんな効果が得られるのか？

まずは、そこから書いていきたいと思います。


たいっち♪を続けることで起こる内面の変化としては、

・自分を変えることなく幸せが訪れる。
・そのままの自分を愛し、あるがままの自然体になっていく。
・自分の人生を自分で選べるようになる。
・自分のことを自分で受け入れ、認められるようになる。

以上のような内面の変化が自然に訪れることで、**現実レベルでの幸せが引き寄せられてきます。**

心が軽やかになると、必然的に現実も軽やかな幸せなものになっていくのです。

現実レベルでの変化については、後半で参加者の体験談をいくつかご紹介していきたいと思います。

自分を変えることなく幸せが訪れる

幸せになりたい！　と強く願っている人の多くは、

「自分を変えたい！」

「自分を成長させたい！」

と思い、自己啓発をしたり、心理学やスピリチュアルな世界を学んだりします。

しかし、**「自分を変えたり、成長させたりすること」＝「幸せ」ではない**のです。

自分を変え、成長させたとしても、必ずしも幸せがやってくる訳ではありません。

幸せになるために自分を変えよう！　成長させよう！　と思ってこの本を手に取った人は、今の内容にショックを受けたかもしれません（笑）

でも、**ショックを受けた方こそ！　この本に秘められた宝物に気づける人**だと思いますので、是非、読み進めてくださいね！

たいっち♪を続けていると、不思議なことに、

「自分を変えたい！」

「自分を成長させたい！」

そんな思いが、あまり湧いてこなくなります。

かつてのボロボロのときの僕は、いつも「変わりたい！　成長したい！」と思っていましたし、周りの人からも、「あなたは変わる必要がある！　もっと成長しろ！」と言われるような機会が多かったのです。

しかし、今はまったく言われません（笑）

むしろ、周りの人たちからは、

「明るく元気に変わったね！」

「すごく精神的に成長しているね！」

などと言われるようになってしまったのです（笑）

変わろうとしていないし、成長しようと思っていないのに、**なぜか現実的に周りの人たちからは、いい感じに変わっていっているように見えるし、成長しているように見えるよう**になってしまったのです。

しかも、毎日幸せを感じるように変わってしまったのです♪

たいっち♪を実践しているだけなのに。。。（笑）

不思議ですよね〜？

この秘密は、本全体を通してお伝えしていきます。

「変わりたい！　成長したい！　そうすることで幸せになりたい！」

そんな思いを持って、心理学やスピリチュアルなことを学んできた人にとっては、この本は、貴重なバイブルになるかもしれません（笑）

自分を愛するようになってしまう！（笑）

たいっち♪を続けていると、自然に「自分を愛することができるようになる」のです。
いや、できるようになるという言い回しは正しくないですね。
「自分を愛するようになってしまう」のです（笑）
この言い回しがしっくりくるのは、ホントに、自分のことが大好きになって、「そのままの自分でいいんだ！　あるがままの自分でいいんだ！」と心から自然に思えるようになるからなのです♪

僕は、かつて自分のことが大嫌いでした。

自分のことを、「なんて嫌な奴で、なんて醜い人間なんだ！」と思っていたのです。

しかし今は、「こんな素晴らしい人はいない、自分はなんて素晴らしいんだ！」（笑）と自然に思えているのです。

不思議ですよねぇ～？

そして、自分自身をそっくりそのまま愛することができると、**あるがままの自然体の自分で生きられるようになる**のです。


「自分を愛する」

「あるがままの自然体で生きる」

このことは、**頭で考えたり、スローガンのようなものを掲げて目指すべき世界ではない**のです。

自分を癒し、成長し続けた結果、到達する世界ではなかったのです。

しかし、かつての僕は、「自分を愛する」「あるがままの自然体で生きる」、この世界を目指していました。

そして、傷だらけの自分を癒すことで、その目標に到達できると思っていたので、僕の人生のテーマは「癒しの旅」というものでした。

過去の傷を癒すことや、過去のカルマを癒すことが、今生のテーマだと思っていました(笑)

しかし、癒しの旅は、涙々の連続でした。

今は、たいっち♪を続けたおかげで「楽しみの旅」を選べるようになったため、**毎日が笑いの連続になってしまったのです。**

自分を愛して、自分を大好きになって、あるがままの自然体で、**人生を「楽しみの旅」にしていきたい**と思っている人には、たいっち♪は本当にお勧めの気功法です♪

自由に人生を選択できる♪

たいっち♪は、何よりも自立を促す気功法です。

たいっち♪を続けることで、誰かや何かを信じたり、依存し続けたりしなくても、自分自身で人生の選択ができるようになっていく可能性があります（笑）

可能性がある！　と濁して書いたのには訳があります。

僕の伝えたい**大切なことの一つは、自立**です。

素晴らしい情報を知ったときに陥りやすい考えは、

「たいっち♪さえやって、信じていれば人生すべてうまくいくはず！」

というような、「依存的」な考えです。

「たいっち♪教の信者」みたいな人をつくらないためにも（笑）、僕を信じて「依存」していく人が生まれないように、ここでしっかりと書いておきたいと思います。

自立を促すワークなのですから、くれぐれも、僕を信じてはいけません！（笑）

と書くことで、信じさせようとしている訳でもありません（笑）

そう♪**「信じる」という世界は、ある意味、「依存」を生み出す**のです！

信じ続けて、ものごとがうまくいかないと、その信じていたものに対して激しい怒りがこみ上げるものです。

そもそも、信じていたものに依存しきっているからこそ、激しい怒りがこみ上げるのです。

依存しきっていなければ、激しい怒りにまではなりません。


神様を信じていた人が、「神よふざけるな！」と空に向って激怒するのも、「神に祈ってさえいれば、人生絶対にうまくいくはず！」と自分でつくり出した神様像に依存しているのです。

僕自身、いろいろなことを「信じる」ことで、さまざまな依存症に悩みました。自分自身で自分の人生の選択ができないため、神様からのメッセージや、天使やガイドからのメッセージ、またはそういう存在とつながっている人のメッセージに基づいて自分の人生を選択していました。

つまり、

「神様や天使を『信じる』、またはそういう存在とつながっている人を『信じる』ことで、自分の人生を選択する」

というように、**誰かに「正しい道」を選んでもらって生きているので、自分で自分の人生を創造できない状態**だったのです。

そのためサイキックリーディング（霊視）、チャネリング（霊媒師）などなど、何かや誰かに、「自分はどうしていったらいいのか？」ということを、いつも聞き続ける依存症に陥っていました。

しかし、たいっち♪を続けていくうちに、自然と自立ができるようになっていきました。

一時は自分自身でもサイキックリーディングやチャネリングを使った仕事をしていたのですが、このやり方では、

「僕自身がかつて陥っていた依存症と同じ状況の人をつくり出してしまうんだ！」

ということに気づいてしまったのです。

そして、僕自身がたいっち♪を続けることで、自立できるようになり幸せになれたのだから、みんなにも、たいっち♪を伝えていこうと思ったのです♪


もう一度書いておくと、ここで伝えている自立の一つは、

「自分の人生を自分で選べるようになる」

ということです。

誰かや何かによるメッセージの支配下で人生を選択するのではなく、自分自身で自由に人生を選択できるようになるのが自立の世界です。

それは本当に好奇心あふれる、楽しくワクワクする世界です♪

誰かに依存することなく、
自分の人生を、自分で選べるようになる！

自分自身で自由に人生を選択し、自分の中に眠っているワクワクする気持ちを目覚めさせたい人にとって、**たいっち♪は最高のツールになる**と思います♪

お気楽人生の、お気楽気功法

ここで伝えたいもう一つの自立は、「自分は既にあるがままの自然体で素晴らしい！」ということを、自分自身で認められるようになって、誰かに立たせてもらうのではなく、「自分で、今ここに立つ」ことができるというものです。

他人に自分を認めてもらうことで自分を受け入れている状態は、依存の状態です。

逆に、自分で自分を認めることで、自分の存在価値を得ることができるのが自立です♪

「自分の中に素晴らしい自分が存在している♪」

このことは、他人が教えることはできないし、**他人に認められても何の役にも立たない**のです。

いくら誰かに「あなたは素晴らしい存在なんですよ！」ということを言われても、その言葉にただ依存し続けているだけでは何も変わりません。

自分は素晴らしい存在なんだということは、誰かに教えてもらうものではなく**自分で気づくしかないもの**なのです。

既にある素晴らしい自分♪　それに気づきやすくなるきっかけをつくるのが、たいっち♪なのです♪

誰の中にも、「あるがままの自然体で素晴らしい！」ということを感じられる力が眠っているのです。

それを目覚めさせることで、本当の精神的な自立が起こるのです。

多くの人は、それを外の世界に求めています。

親や、友人や、恋人、ヒーラー、さらには、スピリットガイドや、天使や、神様などなど……に、「自分をわかってほしい、認めて欲しい！」と。。。

しかし、**本当は、何の条件もなしに、ただ存在しているだけで、あるがままの自然体で素**

晴らしいということを、自分自身で理解し、認められるようになれるのです♪
たいっち♪を続けていると、このことが自分の内側で自然に起こっていきます。

おっと、最初からノリノリで飛ばしすぎたかもしれません♪（笑）
こういう気持ちのこもった熱いトークを、Angel Eiro の**「エンジェルトーク♪」**と呼んでいます（笑）
「そんなことは、どうでもいい！」
って突っ込んでくださったかもしれませんが、僕が気に入っているので、使わせて下さい♪（笑）
この本でも、熱くガンガンとエンジェルトークをしていこうと思います♪
とにかく、この本には難しいことを書き連ねたい訳ではありません！
たいっち♪は、お気楽な気功です♪
楽しい気を体験し、お気楽人生にしたい人にお勧めな気功法です♪
お気楽♪最高――♪という人、この後もぜひ読み進めてくださいね♪

さて、お気楽気功法をやっていくためには、**まず固くなってしまっている頭をお気楽にしていくことが大切**になります。

なので、頭がお気楽になるために大切な基礎理論をお話していこうと思います。

Chapter 2

幸《こう》能《のう》力《りょく》を高めよう!

願いが叶う＝幸せ？？？

みなさんは、自分自身の**心の奥底にある「本当の願い」**を知っていますか？
叶えたい願いは人それぞれ違うと思います。
しかし、深い部分を見ていくと、実は共通している願いが存在しているのです。
その共通しているものこそ「本当の願い」なのだと思います。

「本当の願い」、それは何なのでしょうか？？
お金を手に入れることでしょうか？
天職に出会うことでしょうか？
ソウルメイトと出会うことでしょうか？
オーラが見えるようになることでしょうか？
成長することでしょうか？
悟ることでしょうか？
さぁ〜、本当の願いとは、何だと思いますか？

それは。。。。「幸せを感じたい！」、これだと思います。

お金、天職、ソウルメイト（魂の伴侶）など、「これが手に入ったら幸せになれる！」、そう思って願いを追い求めている人が多いと思います。

しかし、それらの願いを追い求めて、手に入ったとして、必ず幸せを感じられるものなのでしょうか？

宝くじでお金が手に入ったのに、お金が手に入った後の方が不幸になった人が多いと聞いたことがあります。

ソウルメイト（魂の伴侶）と出会い、幸せが手に入ったと思っても、数年後には相手と一緒にいても不幸せな状態になっている人がいるそうです。

「願いが叶う＝幸せ」ですか？？？（笑）

つまり、ここで伝えたいのは、「願いが叶うこと」と「幸せ」とは必ずしもイコールではないという事です。

このことに気づかないと、もしかすると「叶っても幸せを感じられない願い」を叶えるために莫大な時間を費やすことになるかもしれないのです。

もちろん願いが叶って、継続的な幸せが手に入ったなら、それは素晴らしいことです。

しかし、願いは叶ったけど、幸せが訪れなかった。

だから、また幸せになるために新しい願いを追いかける。

これを繰り返し行って、**「幸せを追いかけ続けること」に人生の多くの時間を費やしている人にとっては、この本で伝えたい情報が役に立つ**かもしれません。

願いが叶ったのに幸せが訪れなかった人は、そもそも、すべての願いの根源にある「本当の願い」が何であるのかを知る必要があるのです。

幸せを感じやすい体質になる！

重要なので、もう一度ここで書きますが、本当の願いとは!!

「幸せを感じたい！」

人それぞれ、叶えたい願いは様々だが、実はそこには共通する願いがある。それは、「幸せを感じたい！」ということ。

これが、みんなに共通している根源的な願いです♪

これが本当に一番に叶えたいものであるならば、何よりも先に、「幸せを感じたい！」という願いを叶えることが大事なのではないでしょうか？？


お金がやってきたら幸せになれる。

天職がやってきたら幸せになれる。

ソウルメイトがやってきたら幸せになれる。

オーラが見えるようになれば幸せになれる。

成長したら幸せになれる。

悟れれば幸せになれる。

こういう気持ちで願いを叶えたとして、**願いが叶ったのに幸せを感じられなかったらどうなるのでしょうか？**

例えば、お金が手に入ったのに幸せを感じられなかった人は、今度は、「天職を見つけることで幸せになろう！」と天職を追い求めるかもしれません。

そして、天職が手に入ったものの、数年したら天職に就いていても幸せを感じなくなってしまったとします。
すると今度は、「そうだ！　ソウルメイトさえ手に入ったらきっと幸せになれるはず!!」と思って、ソウルメイトを追い求め、ソウルメイトと思える人に出会ったとします。
しかし、また数年たったら「ソウルメイトと一緒にいるはずなのに幸せを感じられない。本当のソウルメイトは、きっと他の人なんだ!!」と言って、新しく幸せを与えてくれるソウルメイトを見つけ出そうとするかもしれません。
こうした「幸せ探しの旅」を続けていくのも悪くはないかもしれません（笑）
しかし、この本で提案したいことは、**願いを叶えることで一時的な幸せを手に入れるのではなく、「幸せになる能力」を磨くことで、日々幸せを感じやすい体質になりませんか？ということ**なのです。
この素晴らしい能力を、「幸能力《こうのうりょく》♪」と呼びたいと思います（笑）
これからは、幸能力研究家 Angel Hiro と名乗ろうと思います（笑）
話は戻って、日々の生活に幸せを感じられる能力が高まると、常に内側から幸せな気持ち

があふれ出してくるので、幸せを引き寄せる力が強くなるのです♪

「幸せになるぞ――！　エイ、エイ、オー――♪」

みたいな、幸せになるための努力ではなく、

「あぁ～、なんか幸せやねぇ～～♪」（笑）

と、今ある幸せを感じられることが大切なのです♪

「なんで、大阪弁やねん！」

とか突っ込み入りましたかね？（笑）

この本でお伝えする秘密は、衝撃的な事実かもしれません。

なぜなら、多くのお願い事を叶える本で言われていることとは、根本が違うからです。

多くのお願い事を叶える本で書かれている、お金、天職、ソウルメイト、悟りというような短絡的なお願い事を叶える方法ではなく、人間の根本に存在している「本当の願い」を叶える方法を、この本では伝えていきたいのです♪

たいっち♪を続けることで、毎日幸せを感じやすくなり、常に幸せな気持ちがあふれ出てくるようになるかもしれません♪

ぜひ、ニュートラルな気持ちで読み進めてください。

ニュートラルな気持ちで読むことができた人は、多くのたいっち♪受講生が体験しているように、日常生活の中にある幸せを感じられるようになり、さらにどんどん幸せな現実を引き寄せられるようになるかもしれません。


この本で大事なのは、まず、自分の本当の願いを知ることです。

なので、しつこいようですが（笑）、もう一度書かせていただきます。

本当の願いとは？

「幸せを感じたい！」ということです。

この願いを叶えたくない人、つまり、

「お金さえ手に入れば、幸せなんて感じられなくてもいい！」

「天職さえ手に入れば、幸せなんて感じられなくてもいい！」

「自分が成長さえしたら、幸せなんて感じられなくてもいい！」

「ソウルメイトを手に入れて結婚さえすれば、幸せなんて感じられなくてもいい！」

と言う人は、この本を読む必要はないと思います（笑）

幸せって、何なのでしょうか？

さて、「本当の願い」を叶えて、毎日心から幸せを感じられるようになるためのエッセンスを、これからみなさんにシェアしていきたいと思います♪

幸せってなぁに？

幸せってなんだぁ～っけなんだぁ～っけ？　というＣＭがありましたが。。（笑）

改めて、幸せって何なのでしょう？

幸せは。。。。

「ポン酢しょうゆ」なのかもしれません。。（笑）

冗談はさておき、先ほどは、お金を得ること、成長すること、ソウルメイトに出会うこと、天職に出会うこと、スピリチュアルに目覚めること、霊的進化をすること、悟りを開くこと（笑）。。。

などなど、これらを得ることで幸せが手に入るとは限らないというお話をしましたよね？

一時的な幸せという意味では、確かにこれらのものを得たときに幸せを感じることができ

るかもしれません。

しかし、それを得たとしても、必ずしも幸せが長く続く訳ではないし、まして、それを得たのに幸せを感じないということがあるかもしれません。


僕は、いじめのトラウマの影響で、できれば誰とも関わりたくなかったので、幸せになるために叶えたかった夢の第一位は、

「隠居」（笑）

第二位は。。

「ぽっくり早死に」でした（笑）

とにかく、**この現実世界から解放されることが夢でした♪**

今の僕からみると、どちらの夢が叶ったとしても幸せになれるとは思えません。

ホントに、隠居の夢は叶わなくてよかったと思います。

ぽっくり早死にも。。。（笑）

僕の話はさておき、再度、先ほどの一般的な例えとして、お金を得たとしても幸せを感じ

られていない人は意外に多いそうです。

むしろ高級アクセサリーを買いまくることで、ストレスを発散している人もいるそうです。

ソウルメイトと出会って幸せを感じても、その後ソウルメイトとの関係が悪くなり、ソウルメイトと一緒にいるのに幸せを感じられなくなって、

「本当のソウルメイトじゃなかったのよ!」

「結婚は学びの場なのよ!」


などと言い訳している人がいるそうです。

自己啓発セミナーに出て、自分が成長した感覚を得て幸せを感じたとしても、その実感はすぐに薄れていき、「もっと成長しないと!」という気持ちが湧き起こるようになるため、**さらに自己啓発セミナーを受け続けるというループにハマっていく人もいます。**


また、悟りを開いたから幸せになれるのでしょうか?

僕は、悟ったと言われている人に何人か会いに行った事がありますが、その人のその時の人生の状況や、態度や表情を見ていたら、**「悟り」=「幸せ」ではなさそうでした。**

幸せって、何なのでしょうか？
やっぱり、「ポン酢しょうゆ」なのかも？？？（笑）
それはさておき、実は、人は心の安定と安心を得られたときに一番幸せを実感できるのです。
つまり、

「幸せ」＝「心の安定と安心を得られたときの状態」

と定義することができます。

沢山のお金が手に入ったとき、何でも買いたいものが買え、やりたくない仕事もしなくてよくなり、時間も自由になるので、心の安定と安心が手に入り、幸せを感じます。
ソウルメイトと出会ったとき、やっとすべてを受け入れてくれるパートナーに出会えて、一緒にいると心の安定・安心が訪れ、幸せを感じます。
悟りを開いたとして、一切の心の悩みから解放され、宇宙の神秘を悟ったと思える瞬間は、心を悩ませていた不安定な状態から解放されるので、心の安定・安心が訪れ、幸せを感じることでしょう。

つまり、**「幸せ」というのは、このように「今、私の心はとても安定していて、安心感がある」ということを実感している状態**なのです。

それとは逆に、お金が手に入っても、無くなったり奪われてしまったりしたら経済的に不安定になり、当然心も不安定になり、幸せは消えていきます。。。

ソウルメイトと出会ったものの、パートナーが裏切ったり、暴力を振るうようになったり、心が通じ合わなくなったりしたら、当然一緒にいても心が不安定になり、心の安定・安心がなくなるので、幸せは消えていきます。。。

このように、**心の安定・安心がなくなると、幸せ感もなくなってしまう**のです。

さらに、僕の体験では、**悟り体験をしたとしても、その悟った状態を維持し続けることは難しいので、幸せ感を継続することはできません。**

僕自身、悟り体験を何度かしました（笑）

確かに、その瞬間は宇宙の素晴らしさを体験し、ものすごい幸せ感があふれました。

しかし、**しばらく時間が経つと、だんだん元の一般人の意識に戻っていきます（笑）**

そして、

「あれは、本当の悟りではなかったのか。。。次こそ本当の悟りを目指して修行修行!!」

と、**繰り返し悟りや覚醒を目指す人生**になってしまいました（笑）

このように、**悟り体験を繰り返したからといって、現実世界で必ずしも幸せに結びつく訳ではなかったのです。**

もちろん、ちょっとは変化がありましたが、ほんのちょっとだけです♪（笑）

当時、悟り体験をしたのにもかかわらず、相変わらずサラリーマンをやっていました。

悟り体験をした後も、やっぱり普通に人間として生き続けなければなりません。

どんな体験をしようと、肉体があるので必ず体に戻って、再び人間を続けることになるのです。

残念ながら、悟ったら解脱《げだつ》して、もう人間に戻ってこない訳ではなさそうです（笑）

仏陀《ブッダ》も菩提樹《ぼだいじゅ》の下で悟った体験をした後、数十年間もの間「人間」として生き、そして、最後は「人間」として食中毒で死んでいきました。

現代の、悟ったと言われている人にも会いましたが、やっぱり人間でした（笑）
そこからも、「悟り」＝「幸せ」ではないことを知りました。

このように書いてしまうと、幸せ（つまり安定・安心）はどうやったら手に入るの？　という疑問が湧いてきますよね。

ここまで読んでみて、お金や、ソウルメイトや、悟りなどを今まで一生懸命追い求めてきた人は、

「それらを求めてはいけないの？」

と、心がグラグラ揺らいでしまったのではないでしょうか？（笑）

でも、安心してください。

幸せは意外に簡単に手に入れることができるのです♪

幸せが安定と安心の状態であることが理解できると、願いを叶える方法が変わってくるのです。

その秘密に、これからどんどん触れていきます。

「思考は現実化する!!」けれども……

多くの本に書かれている願いを叶えるための大事な法則は、「思考は現実化する」というものです。

成功哲学や夢を叶える本、そしてスピリチュアルな本でも、願いを叶えるための大事な法則は、共通して次のように言われています。

「思考は現実化する！　あなたの思いが現実を引き寄せる！　あなたは創造主です！」

確かに、日々繰り返し使っている思考は、確実に現実化されていきます。

「スキーをしたいなー」と思考することから、スキーの計画を考え、実行し、スキー場に行ってスキーをする現実をつくり出すように、この現実は思考活動がつくり出しているといえます。

「スキーをしたいなー」と言っていた人が、気がついたら海へ行き、海で笑って泳ぎながら「スキーをしたいんだよね――♪　あはは――」（笑）

と、**思考と行動がまったく違うことをし続けることはないと思います。**

海に行って泳いでいる人は、「海で泳ぎたいなー」と思考したはずです。

このように現実に思考活動が大きな影響を与えているのですから、思考をどのように使っていくかが大事になるのです。

そして、この法則を理解した上で、「願いを叶える方法」が書かれた多くの本では、「思考を変えれば、願いが叶い幸せになりますよ！」と言われます。

つまり、多くの本で言われていることは、

「夢は叶う！　と思考することで、夢は叶います！」

「プラス思考で生きれば、プラスの現実が訪れます！」

ということが書かれています。

「思考は現実化する！」のですから、「思考を変えれば現実が変わる」、確かにそのとおりなのです。

しかし、僕自身はこの方法ではいまいち効果が得られなかったのです。

なぜなら、過去の僕のような「自分はダメな人間で、夢など叶わない」という現実を生きてきた人にとって、このような**「夢は叶う！」「プラス思考」というような思考を「維持し続けること」が簡単にはできなかった**のです。

思考を瞬間的に切り変えることは確かに可能です。

しかし、**思考を切り変えた状態を「維持し続けること」は、とっても難しかった**のです。

自分が体験している今の現実がたとえどのようなものだったとしても、それは、今まで何十年と繰り返してきた思考がつくり出した現実なのです。

かつての僕のように、「自分はダメな人間で夢など叶わない」と数十年も思考し続けてきたのに、本を読んで、今から「夢は叶う！　プラス思考！」と、思考をたったの数分間切り替えただけで、どのくらいの効果が望めると思いますか？（笑）

確かに、本を読んだ直後はプラス思考を努力して使っているつもりでしたが、トイレに行ったり、ご飯を食べているとき、そして寝る間際に、いつの間にか、

「やっぱり僕はだめだー。夢なんて叶わないよ。。」

と、**何十年も慣れ親しんだマイナス思考を、自然に使ってしまっていることに気づいた**の

です。

つまり数分間思考を変える努力をしたところで、**数十年も慣れ親しんだ思考に勝てる訳もなく、自然に、いつもどおりの思考に戻る**のですから、**いつもどおりの思考が現実化し続けていった**のです。

このため、「夢を叶えることができるのは、きっと一握りの人なんだぁ。。。」と思うようになっていきました。


僕は、繰り返し繰り返しこのパターンにはまっていました♪

思考が現実化すると言われる能力開発プログラムに２００万円近くつぎ込みました（笑）

思考は現実化すると書かれた本やセミナーに出会った時期は、

「素晴らしいものに出会った！」

とテンションが高くなり、そのハウツーを実践することで人生が変わる！　と燃えたものです。

しかし、しばらくすると、その本もホコリをかぶっていき、心の中で大事にしてきた**「思考は現実化する！」という言葉もホコリをかぶっていくという経験をしました。（笑）**

僕は、「思考が現実化する！　夢が叶う！　夢を引き寄せる！」という本を沢山読んだ結果、あることに気づいたのです。

願いを叶える重要な方法である、

「思考を変えれば願いが叶い、幸せになりますよ！」

という方法を、みんなが簡単に実践できるのなら、この情報を知った時点で、みんな簡単に夢が叶うようになって、この世界はあっという間にとっても幸せな世界になっているはずなのではないか!?と。

思考を切り替えるだけで、叶えたいと思う願いがどんどん叶うのですから、みんな、あっという間に幸せになっていることでしょう♪（笑）

もしも本当に「思考を変え続けることが簡単にできる」のならば、きっとこの「思考は現実化する」という類の本は、ほとんど売れなくなると思います。

なぜなら、みんなが簡単にできるのであれば、みんなにとっての当たり前の事実になるのですから、本にはならないし、売っていても買わないですよね（笑）

当たり前のことなのですから。。。。（笑）
例えば、親から子供に当たり前のように伝えられることは、本にはならないですよね♪
「スプーンを使ってご飯を食べる方法」とか（笑）
「ハイハイから、二足歩行への挑戦！」とか（笑）
このような本は売れないと思います。
時間をかければ、確実に伝わって実践できるようになるものだからです。

なぜ、時代が変わっても、

「思考を変えれば願いが叶い、幸せになりますよ！」

という同じ類の本が売れ続けるのでしょうか？

それは！

そのやり方では、幸せになれない人が圧倒的に多いからではないでしょうか？（笑）

願いが叶わなくて幸せになれなかったころの僕の本棚には、その類の本が沢山並び続けていったように、本を買い続けていたころの僕は、願いが叶わない人だったのです。

幸せを感じられないから幸せになるための本を買い、買っても買っても幸せになれないから、どんどん本棚に幸せになる方法の本が並んでいったのです。

しかし、今、**毎日幸せを感じるようになった僕の本棚からは、ほとんどそれらの本は消えてしまいました。**

２００万円近くかけた「思考は現実化する能力開発プログラム」も捨ててしまいました（笑）

面白いですよね？

「思考を変えれば願いが叶い、幸せになりますよ！」

と、ほとんどの本に書かれているので、かつての僕は、思考を変えることにいつも注意を払い、頑張っていました。

思考が超――忙しかったのです（笑）

こんな思考をしていては、ダメだ！　なんて自分の思考はネガティブなんだ。。。と自分を責めていました。

しかし、これはカラクリのような世界だったのです。

幸せは「体」で感じるもの

一方では、「思考を変えれば願いが叶う」という方法で、簡単に夢が叶う人がいるのも事実です。

そして、それらの本には、夢が叶った素晴らしい体験談が沢山報告されています。

それは、なぜなのか?

プラス思考、引き寄せの法則、ポジティブシンキング。

これらは、もともと成功体質の人にはドンピシャうまくいきます。

なぜなら、成功体質の人は、

「きっと思いは現実化する。きっと自分の夢は叶う！」

と、もともと根本的にそのように思えている人なので、本を読むことで「自分の思考は間違っていない！」と、さらに夢を叶えられることが確信できるようになるからです。

「成功者と同じ考えだから、きっとうまくいく！」

という思考が、願いを叶える力を強化して、ますます夢が叶っていくのです。

それでは、この方法でうまくいかない人、つまり過去の僕のように、いつもうまくいかない失敗経験を繰り返している人が、本を読み実践し続けてもなかなかうまくいかないのはなぜなのでしょう？

改めて、もう一度大事なことをお話します。

お金を手に入れたら幸せになる！
ソウルメイトと出会ったら幸せになる！
悟ったら幸せになる。。。（笑）
根源的に僕達が求めている願いが「幸せを感じたい」というものなのに、お金、ソウルメイト、悟りなどを**「必要以上に追い求める状態」になっていた僕の心の奥には、どんな「思考」が眠っていると思いますか？**

「今、僕は幸せではない。今の自分の人生は満たされていない。だから、幸せになるためには、お金、ソウルメイト、悟り。。。などが必要だ！　それさえ手に入れられたら本当の幸せがやってくる、はず。。。」

という思考が潜んでいたのです。

それらを願うこと自体は決して悪いことではありません。

でも、それ「さえ」手に入ったら幸せになれるのではないか？　と「必要以上に思っている人」は、

「幸せは自分の外にあって、一生懸命追いかけ続けることで捕まえるものだ！」と思い込んでいるのです。

「幸せを追いかける」ことが大事だと思っている思考からは、これからも「幸せを追いかけ続ける」人生が創造されていきます。

思考が現実化するのですから。。

つまり、幸せ探しの旅で一生を終える可能性があるということです（笑）

幸せを捕まえたと思ったのに、幸せが消えていき、「今度こそ本当の幸せを見つけるんだ！」

というように、幸せを追いかけ続ける人生が繰り返されるのです。

今、「私は幸せではない」という思考を持ち続けているかぎり、そのとおりの現実化が起こってしまいます。

そして、いつまでたっても「私は幸せではない」という現実ばかりを引き寄せ、幸せな現実は創造されにくいのです。

このように、僕は「幸せになりたい！」と強く思うがあまり、「今の自分は幸せではない！」という思考を繰り返してしまい、ますます「今の自分は幸せではない」という気持ちを体験する現実を創造してしまっていたのです。

なんという、カラクリ♪（笑）

それでは、かつての僕のようなタイプの人は、どうしたらよいのでしょうか？

これこそが、**たいっち♪の究極奥義**です♪（笑）

そう、幸せになるための新しい方法!!

それは。。。

「『もう』幸せ♪」と感じる瞬間を増やす♪

これなのです。

幸せを感じられる瞬間が、毎日の中で増えていったら、自然に、「今幸せ、今幸せ」という思考が生まれるようになっていきます。

すると、自然に幸せな毎日が現実化するようになるのです♪

まさに、チルチルミチルの幸せの青い鳥の話です♪

チルチルとミチルが、幸せの青い鳥を外の世界に探し求めていたときには、それは見つからなかったのです。

しかし、外に探し求める旅を止めて、再び家に戻ったとき、幸せの青い鳥は既に家にいたのです。

そう、幸せはすでに自分の家側（うちがわ）にあったというお話です。

おっと、内側ですね（笑）

幸せを探し、追いかけ続ける思考からは、幸せを追いかけ続ける人生が創造され、既に今ある幸せを感じることで生まれる思考からは、幸せを感じられる人生が創造されていく。

「いい話を聞いたかも？」

と感じた人が数名はいるかもしれませんね（笑）

しかし、これを読んだ多くの人は、困ったと思います。

「幸せを感じられないからこそ、お金を追い求めているわけだし、ソウルメイトに出会いたいのだし、悟りたいわけだし。。。そもそも幸せになる！　みたいなフレーズでこの本を買ったこと自体、幸せを追い求めているのに。。。ここまで読ませておいて、Angel Hiroのやつ、どういうつもりだ？」

と、みなさんの心の声は、こんなことを言っていないでしょうか？（笑）

大丈夫です♪

その「『もう』幸せ！」を感じる瞬間を増やす方法をお伝えします♪

それは。。。。♪

エンジェルたいっち♪を実践することです。

「なんだそれ――！」

と思ったかもしれませんが、そう！　エンジェルたいっち♪こそが、この幸せ理論を見事に現実化する実践方法なのです。

そもそも、幸せは「思考で考えるもの」ではなく、「体で感じるもの」なのです。

「今、私は幸せを考えています！」

という発言をしている人って変じゃないですか？

幸せな人は、

「今、私は幸せを感じています！」

と言いますよね？

幸せは体で感じるものなので、思考で幸せを追いかけ続けるのではなく、エンジェルたいっち♪を実践して**体に働きかけることによって、幸せを感じやすい体質をつくることが鍵になる**のです。

エンジェルたいっち♪は体に働きかける様々なワークの中でも、驚くほど効果的に、幸せを感じる能力、つまり**「幸能力」を高める気功法**なのです。

さぁ〜、エンジェルたいっち♪に興味を持ってきましたか？（笑）

幸せを探し、追いかけ続ける思考からは、幸せを追いかけ続ける人生が創造されてしまう！

既に今ある幸せを感じることで生まれる思考からは、幸せを感じられる人生が創造されていく♪

「すべてがつながっている」（ワンネス）という世界観

「すべてがつながっていて、もともと一つなら、世界はシンプルに見えてくる♪」

エンジェルたいっち♪において、もっとも大切なキーワードは、「すべてがつながっている♪」です。

「すべてがつながっている♪」という世界観は、スピリチュアルな世界では、ワンネスと言われます。

万物の源は一つで、その源の波動が世界をつくっているという世界観です。

物理学でも、この世界の物質や空気などあらゆるものは、原子、電子からできていて、その原子、電子も、たった一つの宇宙の根源の波動がつくり出したものだと考えられています。

つまり僕らのこの世界は、たった一つの宇宙根源の波動がつくり出した不思議な奇跡の世界なのです。

なぜ、宇宙がたった一つの波動からここまでの進化をとげたのかは本当に不思議ですが、**この「もともと一つ」であるというシンプルなことを「体」で理解し体感し始めると、**

体と心はつながっているので、不思議なことに「心」もとってもシンプルになっていくのです。

悩みを持っている多くの人の心は、
右か左か？
正しいのか間違っているのか？
ポジティブかネガティブか？
良いか悪いか？
光か闇か？
と、**二つの世界を行き来して、複雑化している**のです。

しかし、すべてがつながっていて、もともと一つというシンプルな世界観が体感できるようになると、
「右も左も、光も闇も、どちらも同じ波動がつくり出しているシンプルな世界なんだ〜♪」
ということが感じられるようになり、**まぁ〜いっか！（笑）**と不思議と悩みから解放さ

れるようになるのです。

そして、悩みから解放されると、**「今ここ」**という悩みのない世界に戻ってくることができ、そこで初めて、本当に自分の望む現実を創造していくことができるようになるのです♪

「今ここ」については後に詳しく書きます。

最初にこの話をしても、ピーーンとこないかもしれませんし、「そんなに心が簡単に、まぁ～いっか！　なんてならないでしょう！　言ってる意味がわからない！」
と、この時点では思うかもしれませんが、これは、本当に今までにない不思議なミラクル法則ですので、是非、現時点では「ありえなーーい！」と思っている人も読み進めてください（笑）
とにかく、「すべてがつながっている♪」このキーワードがとても大切なので、最初の方に書かせていただきました。
なので、**今の時点で、すべてがつながっている♪という意味がわからない！　と感じられていても大丈夫です。**

繰り返し、この視点から書いていきますので、どうかここで止めずに読み続けてください。すべてがつながっている♪という世界観は、いろいろな角度からお話することで、より深く理解できることと思います♪

Chapter 3

ヅラ理論（笑）

「思い込み」や「こだわり」の思考＝ヅラ（笑）

宇宙の真実とは何か？　と聞かれたら。。

「すべてがつながっていて、すべてはパーフェクト（完璧）で、すべてがうまくいっている」

と答えます♪

なぜなら、この世界に存在しているあらゆるものすべては、たった一つの宇宙根源の波動がつくり出しているからです。

その宇宙根源の波動が、すべての存在の「真」をなしていて、それがこの世界で「実り」をなすことで現実がつくられているのですから、すべてが「真」「実」の世界と言えます♪

この視点でとらえると、すべてはパーフェクト、つまりこの世界のすべてのことは、実はすべてうまくいっているという感覚が生まれてくるのです。

この本は、以上のことを大前提として書かれています。

その上で、ここでみなさんに大切なお話をします!!

この本で、僕が特定の考え方やとらえ方を「否定」しているような書き方をしている部分がありますが、それは**「あえて、否定するような形」で書いている**のであって、その考え方が間違っているとか、その考えはあってはならないということを言っているのではありません。

僕が伝えたいのは、すべてがつながっている♪というワンネスの世界観なので、「ある考え方が間違っている」とか、「宗教の考え方は矛盾している」とか、批判や問題視している訳ではまったくありません。

むしろ、すべてがつながっているということは、**必要な考え方や、必要な宗教が、必要な場所、必要な人のところにいつも存在している**ということです。

なので、本当の意味で否定している訳ではありません。

すべてがつながっているということは、宇宙の真実はすべてに含まれているので、**どんな存在も思想も宗教も宇宙のたった一つの波動がつくり出した素晴らしい奇跡**であり、すべてがパーフェクトで、すべてはうまくいっている♪ということです。

なので、一見、僕が書いている文章が刺激的に否定しているように見えるかもしれません

が（笑）、それは「あえて否定」するような言い回しをしているだけです（笑）

つまり、「あえて否定形」を使うという「テクニック」を使っているのです（笑）

なぜ僕がこの本の中で、「あえて否定形」の書き方をする「テクニック」を使うのかというと、自分が持っている**「思い込み」や「こだわり」に気づいてもらうため**なのです。

自分の「思い込み」や「こだわり」は、否定されるとイラっ！としたり、頭にくるものです。

つまり、**僕があえて否定的に書いたことに対して、イラっ！としたり、頭にくるところがあったとしたら、それこそがあなたの持っている「思い込み」や「こだわり」なのです。**

私達は生まれたときは名前もないし、男はこうあるべきだとか、日本人はこうあるべきだとか、そういったこだわりはなかったはずです。

しかし、今に至る過程で、親の価値観や、社会の価値観、出会った友達、体験した出来事などに影響を受けた結果、人はこうあるべきだ！　とか、仕事とはこうあるべきだ！　など、「○○であるべき」というように、自分の思考を使って沢山の「思い込み」や「こだわり」を持つようになったのです。

その、今に至るまでに思考でつくり出してかぶってしまった**「思い込み」や「こだわり」が、**

その思考どおりの現実を創造している訳です。

この「思い込み」や「こだわり」が、今体験している現実に大きな影響を与えているのですから、自分がどんな「思い込み」や「こだわり」を持っているかに気づくことがとても大切なのです。

この、かぶってしまった「思い込み」や「こだわり」がどれだけ人生に影響を与えているかを理解するために、Angel Hiro が考案した理論で説明させていただきます。

私達がかぶってしまった「思い込み」や「こだわり」の思考＝ヅラ（かつら）（笑）
このように捕らえることで、思考活動の特徴を理解する方法を
ヅラ理論！！！（笑）
と命名します♪
なぜ、こんな理論にしたかというと、最もわかりやすい例えだからです。
体は同じでも、かぶっているヅラ、つまり「思い込み」や「こだわり」が違うと、まったく違う人生になるのではないでしょうか？

例えば、こんなヅラをかぶってたら……？

例えば、あるカップルを使っての例え話をします。

もしも、このカップルの彼氏が、生まれてすぐに武士の住む江戸時代にタイムスリップしてしまい、そこで生活を続け成長したとしたら、現代の日本人のようなヅラをかぶっているでしょうか？

いいえ。

きっと、**その時代で育った彼は、「武士道とはこうあるべき！」というこだわった思考、つまりヅラをかぶっていると思います♪**

そして、チョンマゲこそが男の身だしなみと思い込み、そのチョンマゲ・ヅラを大事にして生きていることでしょう（笑）

もし江戸時代で生活し、その武士道で身につけた「思い込み」や「こだわり」のヅラをかぶった状態で、突然現代に戻されたらどうなるでしょうか？

現代に戻って、ソウルメイトの二人は魂が惹かれ合うので、彼女はなぜか、このチョンマゲ・ヅラの武士に恋をしてしまいます（笑）

「男は○○であるべき」「武士とは○○であるべき」などの「思い込み」や「こだわり」は、ヅラをかぶっているようなもの。そのヅラこそが、今のあなたをつくり出している！

そして、そんなカップルが六本木ヒルズに高級ディナーを食べに行きました。

チョンマゲの彼は、慣れない西洋のワインに悪酔いしてしまい、次の瞬間!!

チョン！　と姿勢を正したと思ったら、

「まっ、げ―――――っ！」

とか言いながら、フルコース料理の並んだテーブルにゲロゲロ吐いてしまいました（笑）

とんでもないソソウをしてしまい、大恥をかいてしまったのです。

チョンマゲ・ヅラの武士道を生きてきた彼は、

「武士として恥ずかしい。お前には本当に悪いことをした。切腹する！」

とか言いかねませんよね。

なぜなら、

「武士にとって、恥をかいて生き続けるぐらいなら、腹を切る方が潔し！」

というヅラをかぶっているからです♪（笑）

ちょっと大げさな例ですが。

とにかく、「武士とはこうあるべきだ！」という「かぶっているヅラ」のこだわりから、そのこだわりの思考どおりに、現代ではありえないような行動をしてしまう可能性があるのです。

切腹って、自殺ですよね？（笑）

でも時代が違えば、それが潔いと思われていたときもあったのです。

このように、時代の影響を受けた「思い込み」や「こだわり」のヅラをかぶっていることで、起こってしまった出来事に対して、現代人からは考えられないような行動をしてしまうのです。

かぶっている「ヅラ」が、人生に大きな影響を与えていると思いませんか？

また、その武士に向かって僕が、

「頭にしっぽがついてるよ！　なんで、変なソリコミ入れてるの？」

などと、チョンマゲを握って言おうものなら、

「武士の誇りを馬鹿にしおるかぁ～！」

と強烈にキレて、切り捨てごめんで殺されてしまうかもしれません。

切り捨てごめん！。。。。

これって、殺人ですよね♪（笑）

しかも、武士のこだわりの「ヅラ」をズラされたような出来事程度で（笑）
でも、その時代だったら、その殺人はひどい悪にはならず、
「むしろ武士として当然のことをした。武士の誇りを馬鹿にされ、恥をかかされたまま何もしない者こそ、武士として恥である」
などと、場合によってはおとがめなしです。

時代が違えば、善悪のヅラがまったく違います♪

善悪とは、いったい何なのでしょうか？（笑）

さらにもう一つ、別の例をあげます。
同じ彼氏が生まれてすぐに、仏教の聖地に運ばれてしまったとします。
彼は修業をし続けて、あるとき悟りを体験し、

「私は悟りを開いた！」
というヅラをかぶってしまったとします（笑）

そして、「私は悟りを開いた人だ！　何でも質問しなさい！」と、仏陀のように頭にボツボツがついたヅラをかぶっていたとします（笑）

運命の出会いが起こり、彼女は生まれて初めてボツボツ頭の人に出会います。

彼女は彼に出会ったときに、

「頭にいっぱいイボついてますけどぉ～？」

というような発言をしたら、どうなるでしょうか？

彼の悟った穏やかな顔は一気に曇り、

「これは悟りの象徴です！　ふざけないでください！」

と頭にきて、恋心が生まれる隙もなく、烈火のごとく説教を始めるかもしれません（笑）

これは、仏教を否定している訳ではなく、あくまで例え話です。
ここで伝えたいのは、「ヅラは、ズラされると頭にくる」ということなのです♪
頭の上にあるだけに。。。（笑）
頭にきた！　と言ったりしますが、それはヅラがズレた！　と言っていることなのです
（笑）
言い換えるならば、
「男はこうあるべきだ」

「仕事とはこうあるべきだ」

というように、自分の中の「こうあるべきだ！」という強い「思い込み」や「こだわり」を否定されたり、反対のことを言われたりすると、怒りが込み上げるのです。

先ほどの武士の話も、武士道というヅラをズラされただけで、殺人をしてしまうほどに頭にきてしまったのです。

武士道を馬鹿にされると、チョンマゲ・ヅラが黙っていないのです♪（笑）

同じように仏教徒の人にとって、仏教の経典を馬鹿にされたら、悟りの象徴のボツボツ・ヅラが黙っていないのです♪（笑）

かぶっているヅラが違うだけで、喧嘩になり、さらに酷くなると、戦争にまでつながるのです。

宗教戦争などは、まさにかぶっているヅラが違うだけで、神という見えないヅラの名のもとに殺し合いにまでなっている状態です。

もし、幼い子供同士を公園で遊ばせたら、そこで戦争が起こるでしょうか？

「ここは我が神の陣地なりぃ～！」

とか言って、ヅラをかぶって戦うでしょうか？（笑）
たぶん、そんなことは起こらないと思います。
幼い子供はヅラをかぶっていないからです。
私達は、生まれ育っていく中で、沢山の「思い込み」や「こだわり」を持ち、いつの間にか沢山のヅラをかぶってしまうようになったのです。

かつての僕は、超――完璧主義だったがために、「こうあるべき！」という強烈なヅラを沢山かぶっていたので、心の中はいつもイライラ、頭にきて、葛藤だらけで、それはそれは大変でした。

まさにいつも、

「イライラして、頭にくる―――！（笑）」

「周りの人も、社会も、この宇宙そのものの仕組みも頭にくる―――！（笑）」

と、ヅラがズラされる毎日でした♪

自分と反対の考え方を言われたり、否定される度にヅラがズラされるので、一生懸命言われたことを撤回させようとしたり、自分の考えを理解してもらおうと議論していました。

毎日、自分を正当化するために思考を使い続けていました。

そして、家に帰っても、一度ズラされたヅラを整えるために、ヅラを整えてくれる内容満載の成功哲学や、心理学や、スピリチュアル本を読むことで、

「いいんだ、いいんだ、やっぱりこのヅラでいいんだ♪　ほっ♪」（笑）

と、整髪料のポマードを使うような感じで、本を読むことで**ズレたヅラを固め続けていました（笑）**

超依存症状態のヅラをかぶっていた僕にとって、スピリチュアル本は、ある種「強力ポマード」の役目を果たしていました（笑）

自分の信じる世界のヅラ（思い込みやこだわり）を固めるためには、なくてはならないものでした♪

また、ヅラが強――――烈にズラされるような出来事に会ってしまったときには、スピリチュアル本ぐらいではヅラが整えられないので、同じ「思い込み」や「こだわり」のヅラをかぶり、同じポマードを使っている人のところへ行って、

「このヅラおかしい！　って言われたんですけど、このヅラでいいんですよね？　大丈夫

ですよね？」

とか聞いて、その人から、

「大丈夫！　みんな一緒にかぶっているんだから。信じる者は救われる♪　信じて、この強力ポマードをつけてごらん♪　ほーら安心、元どおりぃ〜♪」（笑）

のような感じのことを言われて、**誰かのメッセージに依存することでヅラを整えてもらっていました。**

同じヅラをかぶった人たちで集まり、思い込みを強化し続けて、せっかくズレたヅラも、瞬く間に戻されてしまうというサイクルを続けていました。

「みんな一緒のヅラだから、きっと大丈夫ぅ〜♪」

とか思ってました。

いつの間にか身につけてしまった、こうあるべき♪　または　○○なはず！　という「思い込み」や「こだわり」、みなさんも、いっぱい持って、頭固くなっていませんか〜？　言いかえるなら、みなさんもいっぱい「ヅラ」かぶっていませんか〜？？（笑）

ヅラが多く、ヅラが地毛だと思ってしまっている人ほど、心の中は葛藤だらけになってしまうのです♪

ヅラを脱げやすくすることで、頭が軽くなり、人生の足取りも軽くなっていくのです♪(笑)

ずっしり飾り付けた重たいチョンマゲのようなヅラが脱げると、頭が涼しくなって寒くなるかも知れませんね♪

そして、頭が軽くなるので素早く歩けるようになり、足は熱くなるかもしれません。

まさに、ヅラが脱げれば脱げるほど、頭寒足熱《ずかんそくねつ》の世界がやってくるのです♪（笑）

かつての僕は、ヅラ（思い込みやこだわり）をいっぱいかぶっていたため、悩みで思考が止まらず、頭だけ熱くて足が動かなかったため、当然、幸せな現実を引き寄せる力がありませんでした。

しかし、すべてがつながっている♪という感覚が高まる中で、ヅラ理論を見出し、**沢山のヅラが脱げ、頭寒足熱の状態になり、現実レベルで沢山の幸せが訪れるようになりました♪**

信じる者は救われない♪　奥義、ヅラずらし（笑）

信じるものは救われる♪　とよく言われますが、たいっち♪理論からすると、

「信じるものは救われない♪」

のです♪（笑）

えっ！　って思った人、あなたのヅラは、今ずれています！（笑）

これこそが、「あえて否定的な書き方」をすることで、かぶっている「思い込み」や「こだわり」のヅラをズラすテクニックです。

このテクニックを、

「ヅラずらし♪」（笑）

と呼びます♪

この「ヅラずらし」という技を使われたとき、

「神を信じる人は絶対に救われる……はず」

「信じる力こそがもっとも大切である……はず」

というように、**信じ続けることが絶対に大事であるという、強い「こだわり」のヅラをか**

ぶっている人は、間違いなく！「イラっ！」としたハズです（笑）

つまり、ヅラがずれたのです。

「信じたら救われる……はず！」

と強く思うこと自体、実は、奥深くで疑っているからこそ生まれる「こだわり」です。

つまり、自分の内側で「本当は信じられない」と思っている部分には目をつぶって、がんばって努力して信じようとしているのです。


多くの人は「信じたら救われる……はず！」というヅラをかぶっています。

この例は、宗教を否定している訳ではありません。

誤解の無いように繰り返しますが、すべてはつながっていて、すべてはうまくいっているので、必要な場所、必要な人のところに、必要な宗教が存在しています。

ただ、すべてがパーフェクトなタイミングで起こっているという前提からすると、**この本を読んでいる人は、まさに今、完璧なタイミングでこの本に出会っている**のです。

だからこそ、あえてここで宗教を超えた深い話をしたいと思います。

繰り返し「ヅラずらし」を使いますが、

エンジェルたいっち♪奥義「ヅラずらし」！
「思い込み」や「こだわり」というヅラを脱がせば、無用な思考から解放され、人生の足取りが軽くなる！

「信じるものは救われない！」

のです♪（笑）

ここで、信じることが大事だというヅラをかぶっている人の例をあげます。

恋愛ドラマのあるシーンで、彼に対して彼女が、

「あなたのこと信じてるから！　あなたのこと信じてるからね！」

と目を見つめて一生懸命言っているとき、何が起こっていると思いますか？

彼女は、その言葉を連呼するたびに、**彼の潜在意識にあることを伝えています。**

そのあることとは、

「あなたを疑っています。あなたを超――疑っています。だから裏切るなよ！　この野郎！」

（笑）

と訴えています。

最後の一言は余計だったかもしれませんが。。（笑）

信じているという言葉の背後には、

「この彼を信じてさえいれば、きっと裏切らないはず！　信じる気持ちが何よりも大事なはず！」

という「思い込み」、つまりヅラがあるのです。

別の例えを話すと、神を強く信仰している人が、あるとき銃の乱射事件を起こし、

「神に見放されたから、もう何もかも壊したくなった！　どうせ天国にはいけないのだから。。。」

というような発言をするのも、キリスト教が深く根付いている西洋ならではの、

「神を強く信じ、聖書のとおり生きていたら天国にいける！」

という思想から生まれた発言だと思います。

そもそも、神を信じていなければ、もしかしたら、この人はここまで極端な行動は起こさ

なかったかもしれません。

神を強く信じたい人は、どんな心の状況なのでしょう。

おそらく、神様に強くすがりたいくらい人生がうまくいっていないというケースが多いと思います。

「神を信じて、祈っていたらきっと人生がよくなっていく……はず。。」

と思っているのです。

ところが、一生懸命祈っていたのに人生がますます悪くなったとき、神への信仰心は、一気に神への恨みへと変わります。

「神に祈っても祈りが通じないということは、自分は神に見放されているんだ！」

と思い、その追い込まれた気持ちが犯罪にまで及ばせてしまったのだと思います。

このように、信じるものは救われませんので。。

僕の書いていることも信じてはいけません（笑）

僕からたいっち♪を学んで継続している人には、沢山のミラクル体験が起こっていますが、それらは、僕やたいっち♪を信じたから起こっている訳ではないのです。

繰り返し、繰り返し、いろいろなところに「僕を信じてはいけません♪」と書いておきたいと思います（笑）

それほど、うっかりすると僕を信じたくなってしまうようなミラクル体験がたいっち♪を実践している人には起こっているからです。

ここに、しっかりと書いておきたいと思います。

たいっち♪は宗教ではありません♪

信じても救われませんし、何ももらえませんので、ご了承ください（笑）

もちろん天国にも行けません（笑）

しかし不思議なことに、たいっち♪を続けていると、

「今、人間として生きているこの地上が既に天国なんだ！」

ということに気づけるようになるかもしれません。

さらには、

「たいっち♪を信じていないのに、救われちゃった！（笑）」

みたいな不思議なことが起こったりする人もいます。

たいっち♪を実践し続けていると、

「信じる者は救われない！　でも、自分を信じる者は救われる♪」

という体験が起こる人は多いのです。


「すべてがつながっていて、すべてがパーフェクト」というワンネスの感覚は、誰かから教えてもらって頭で論理的に理解してても体現することはできません。

自分が体感することで確信に至ることができ、その感覚を自分で信じることができるようになることで、日々の現実の中でもその感覚を味わえるようになるものなのです。


そのため、Angel Hiro の書いていることを信じても救われないのです（笑）

でも、これを読み進めているうちに、

「たいっち♪楽しそうかも？」

とワクワクする好奇心が湧いてきた人は、その自分のワクワクする好奇心を信じて実践し続けてみてください。

自分を救うのは、他の誰かではなくて、自分自身なのです。

信じる者は救われませんが、自分を信じる者は救われる♪ような気がします♪（笑）

あえて、「ような気がします♪」と書いたのも、

「自分を信じるものは救われる♪」

という**Angel Hiroの書いた言葉を信じるものは、救われないからです♪**

素直になると「かみ」とつながる理論（笑）

みんな沢山のヅラをかぶっています。

僕自身がそうでした。

そして、**ヅラという「思い込み」や「こだわり」が多い人ほど、ズラされる機会に多く出会ってしまうため、心はいつも波立っています。**

このような人は、絶対にズラされないようにネジでヅラを止めるようにしています。

「大丈夫、大丈夫、この考え方でいい……はず」

などと、繰り返し心で唱えることで、自分が信じている世界のヅラが落ちないように、ネジを毎日締め続けないといけません。

僕も、沢山のヅラをかぶっていたため、いろんな人にヅラをズラされる日々だったので、毎日、スピリチュアルな本を読み続けたり、神様に祈ったり、天使からのメッセージを聞いたり、エンジェルカードを引いたりすることで、ヅラされたズラをネジで締め続けて整える毎日でした（笑）

さまざまな人生の選択においても、

「これでいいんですよね？」

と、スピリットガイドや、天使や、ハイアーセルフとつながって、いつも確認するという**スピリチュアル業務に依存しまくっている日々でした（笑）**

このような過去の僕の体験は、**ここで伝えたい「自立の世界」とは逆の「依存の世界」でした。**

繰り返しますが、**自立とは、**

「自分は、既にあるがままの自然体で素晴らしい！」

と、自分自身を信じて認められるようになることです♪

誰かに言ってもらって安心している間は、依存の世界から抜け出すことができません。

かつての僕は、

「神聖な世界とつながってさえいれば、人生うまくいくはず！」

というように、神聖な世界にどっぷり依存している状態でした。

天使やマスター、光の存在などにメッセージをもらい、**良いことを言ってもらうことで「自分を認める」という作業をしていた**のです。

こんな僕の人生は、神聖なヅラを整え続ける旅となり、神聖なヅラをセットし続ける事が何よりも大事でした。そして、

「執着やエゴを手放すことで神聖さとつながれる……はず！」

というような神聖なこだわり（笑）も強くなっていきました。

「神聖と書かれたネジをたくさん集めることで、神聖なズラが脱げないように、そして、いつか完璧な神聖ヅラを完成させることで、神聖なる光のマスター達が僕をアセンション（次元上昇）させてくれるんだ——！」

と、**頭でつくり出した神聖な世界を信じ、ネジを締めてヅラを固くし続けていた**のです。

あのまま突き進んでいたら、神聖な頑固ヅラになっていたことでしょう（笑）

「神聖さを侮辱する奴はゆるさん！」

という、神聖なるプライドを持って生きる人生になっていたと思います。

プライドとは、まさに強力なズラです♪

もしもこんなプライドを持ち、頑固なこだわりのヅラをネジで締め続け、ポマードを塗りまくってヅラが脱げないようにして年をとったらなら。。。

錆びたネジとべったりポマードでガチガチ石頭になった「神聖な頑固オヤジ」になっていたことでしょう！（笑）

人生を楽しく生きるためには、「こだわり」があってよいのですが、**時には「こだわり」からも自由になれるような柔軟性も持っているほうが、楽に生きられるのです。**

ヅラが悪い訳ではありません。

ただネジで締めまくっているヅラをかぶっていると、脱ごうにも簡単に脱げなくなってしまうのです。

素直になりたい！　という時に、ネジを緩めるのに時間がかかるから、スグに脱げないのです。

ポマードがベタベタしてズレないのです（笑）

自分のこだわりが外れやすくなった人は、ヅラが脱げやすくなります。

脱げやすくなると、ヅラがズレるときには一気にズレてしまい、ドッカーーーーンと、完全に脱げ落ちてしまいます（笑）

落ちたヅラをハッキリ他人に見られてしまったら、どうしますか？

「アハハハハ、脱げちゃった――♪」

と笑ってごまかすしかないでしょう（笑）

でも、笑ってごまかせたら、あとは楽になりませんか？

隠していて、ちょっとズレたのを見られるから恥ずかしくなるのであって、根こそぎ落ちちゃったら、素直になるしかないですよね♪

そう！

「素直になる」とは、漢字で書く通り、「『素』（そ）のままの自分」に「『直』接」つながるということですよね♪

ヅラが脱げたとき、素のままの自分、つまり本当の自分自身でいるしかなくなるのではないでしょうか？

僕らは生まれたとき、「ヅラ」をほとんどかぶっていませんでした。
産毛程度です（笑）
スピリチュアルな世界では、内なる神とつながることが大切だと言われます。
そうなのです。
内なる神とのつながりを思い出してください♪
お母さんのお腹の中にいたころ、髪は生えていませんでした。
つまり頭の外側に髪（神）という存在はいなかったのです（笑）
でも、毛根は内側に既にあって、**髪（神）は既に内側に存在していたのです（笑）**
内なる「かみ」とのつながり、理解できましたか？（笑）

以上、いろいろな角度からこのヅラ理論をお話してきましたが、「思い込み」や「こだわり」を手放しましょう！　ということを言っている訳ではありません。
これは、とても大事なことです。

「思い込み」や「こだわり」は手放そうと思っても、手放せるものではないのです。

ただ、「あー、こだわってるかも？」

つまり、「あー、ヅラかも？」と気づくだけで、いいのです（笑）

「思い込み」や「こだわり」に気づきましょう♪という提案です♪

「これはヅラじゃない！」と、自分がこだわっていることに気づこうとしない間は、脱ごうにも脱げないのです。

ヅラだと気づき、ヅラを留めているネジに気づくことで、少しずつ自然に緩めることができるのです。

自分の「こだわり」に気づくことで、あとは自然に脱げる日が来るのです（笑）

ちなみに、「面《めん》」って漢字は、ヅラって読みますよね？

そこで、まとめの一言、

アーメン♪　あー面《ヅラ》♪（笑）

唱えることで、ヅラに気づこう！　という暗号ダジャレが含まれていたのかもしれませんね。

くれぐれも宗教批判とかではありませんので、ご理解くださ——い（笑）

発想の転換、ヅラの柔軟性を味わってもらうために、書いています♪

改めて、すべてがつながっている♪というワンネスの世界観から見ると、すべての思想、宗教は、必要な場所、必要な人のところに存在しています。

この本は、宗教批判の本ではありませんので、ヅラがズレて怒りが湧いて仏頂面《ぶっちょうづら》になっている人がいたとしたら、先ほどのヅラ理論を是非思い出してくださいね。

ここでも聖なる暗号を解読します。。（笑）

悟った仏の頂上にあるヅラ（面）がズラされるから、怒りがこみ上げて「仏」「頂」「面」になる（笑）

やっぱり悟った人の頭にもヅラは存在する、ということを教えてくれているのかもしれませんね（笑）

宗教批判ではありませんので、くれぐれも仏頂面でこの本を読まないでくださいね（笑）

アーメン♪（笑）

Chapter 4

ハッピーチャンネルを受信する！

「今ここ」を体感する

「今ここ」という世界には、悩みがありません。
僕らが悩むときは、未来や過去に意識が向いているときです。

例えば、喫茶店で悩み相談をしている女性二人組がいたとします。

悩んでいる女性が

「彼は私のことを本当に愛しているのだろうか?」

と言っている時、その人は彼の過去の行動や言動を考えたり、未来に彼と別れるかもしれないという不安で悩んでいるのです。

そして、悩みを聞いている女性も、相手の話から一緒に想像をめぐらせて、「彼女の悩みを解決するには、なんて言ってあげたらいいだろう」と悩み、難しそうな顔をしています。

そんな二人の前に、とっても美味しい究極のプリンが出てきたとします。

悩んでいる彼女が、その究極のプリンを食べた瞬間どうなると思いますか?

僕らが悩むとき、意識は、まだわからない未来や過ぎてしまった過去に向いている。いつも「今ここ」にある幸せを「体で」しっかりと感じることが大切。

「このプリン、美味しいねぇ〜♪」ニッコリ！

と、うっかり微笑んでしまうと思います（笑）

そして、それを見ていた相談相手の女性の心の中は、

「真剣に話を聞いてあげていたのに、なんで突然ニッコリ笑ってんの！　悩みにつきあって一生懸命聞いてあげてきた私の今までの数時間どうしてくれるのよ！」

と、今までの好意が無にされた気持ちになって、内心腹を立てていたとします。

しかし、そんな彼女も、究極のプリンを

食べたらどうなると思いますか？

ぱくっ！　と食べた瞬間！

「ほんとだぁ〜、このプリン美味しいねぇ〜♪」ニッコリ！（笑）

と、ちょっと前の「ムッ」とした状態から一気に解放されたのです。

この瞬間、何が起こったと思いますか？

プリンを食べた瞬間、「彼に対する悩み」や「ムッとした心の問題」から、**一気に解放されたのです♪**

つまり、一切の悩みから解放されたのです♪
この状態は一つの
「あぁ〜悟りの境地♪」
ですよね？（笑）
一切の悩みから解放されたのですから♪
もちろん、その後、再び悩みのループに入るとは思いますが、**プリンを食べた瞬間だけは、一切の悩みから解放されたのは事実です。**

そのとき何が起こったのでしょうか?

「今ここ」につながったのです。

「今ここ」につながったときに、悩みから解放される！

そこに、幸せにつながる大きなヒントがあるのです。


おそらく、人生相談真っ最中の「悩みに取りつかれている二人」を写真撮影したら、きっと不幸そうに見える写真ができあがり、誰に見せても、

「うわぁ〜、二人とも不幸そう！」

と思うでしょう（笑）

しかし、**究極のプリンを食べた「ニッコリ！」の瞬間の二人を撮影したら、誰に見せても、**

「幸せそうな二人だね〜♪」

と、言ってしまうほど、きっと超——幸せそうな笑顔が写っていると思います。

写っている人物は同じ二人です。

場所も同じ喫茶店です。

時間もほんの少ししか違いません。

しかし、過去や未来に意識が向き続けている状態と、「今ここ」に意識があるときでは、まったく違う世界の住人になってしまうのです。

ということで、「究極のプリンを食べましょう！」ということを伝える「プリンのすすめ♪」という本ではありません（笑）

究極のプリンを食べたときに何が起こったかというと、**味覚という体の感覚を通じて、彼女達の意識が「今ここ」につながったのです。**

そして、「今ここ」につながったことで、悩みから一瞬にして解放され、突然幸せ感があふれてきたのです。

「今ここ」につながるきっかけになったのは、味覚という体の感覚です。

つまり、心を解放するのに、体が驚くべき力を持っているということを理解していただけたでしょうか？

「今ここ」という素晴らしい世界につながるために、体はとっても大切なカギになるのです♪

波動の法則

私たちは五感を持っています。そして、その五感を通じて周りの世界を見、聞き、感じています。

別の言い方をすると、**今体験しているこの世界は、五感があるからこそ存在している世界だと言えます。**

自分と同じ波動だからこそ、見えるし聞こえるし感じられるのです。

逆に自分と波動が違うものは見ることはできないし、感じることもできません。

例えば、人間に見える色は「可視光領域（目で見える光の領域）」だけです。

それは、人間の目の中にある視細胞が「可視光領域」の光のみと波動が合うからです。

人間の視覚に合わない波動領域を赤外線、紫外線と呼びます。

これらは波動としては存在しているのですが、人間の目には見えません。

しかし、鳥たちは紫外線に反応する視細胞を持っているので、人間が見ている色とはまったく違う色が見えているそうです。

聴覚でも同じことが言えます。

人間の耳に聞こえてくる音は、鼓膜が可聴領域とよばれる音にのみ波動が合って振動し、聞こえるのです。

つまり、超音波など可聴領域にない音は、その波動に合わないため鼓膜は振動しないので聞こえないのです。

例えば、イルカさんに、

「可愛いねぇ～♪　おぉ～、よしよし♪」

などとうっかり声をかけてしまいますが、イルカにとって人間の声帯が出す音は、イルカの体にある「音を聞くための器官」とは波動が合わないため、イルカさんには「ガ――」という、うるさい雑音にしか聞こえないそうです（笑）

みなさんの心にあるファンタジーな世界を壊している訳ではありません（笑）

イルカさんとは、心で会話できると僕は思っています。

しかし、実際にイルカさんが聞くことができるのは、調教師さんが吹く高音の笛の音なのです。あの音には波動が合うので、はっきり聞こえるそうです。

よりわかりやすく波動の法則をお話しするために、テレビやラジオの例を挙げます。

テレビの電波やラジオの電波は、常に外の世界を自由に飛びまわっています。

でも、**人間にはそれが見えないし、聞こえません。**

なぜなら、人間は直接テレビやラジオの電波と波動を合わせる器官を持っていないからです。

それでは、テレビがどのようにして外の空間を飛びかっている波動をキャッチするかと言うと、まずは屋根にあるアンテナを通して、電波の波動をキャッチします。

そして、アンテナでキャッチした波動はケーブルを伝って、テレビの中に入ってきます。

入ってきた電波と同じ波動をテレビの中で出すことで、**つまりNHKだったらNHKの波動、フジテレビだったらフジテレビの波動を出すことで、実際にテレビが見え聞こえる**ということが起こるのです。

いろいろな存在の声を聞くと言われるチャネラーさん（霊媒師）は、「チャンネルを合わせる人」ということですよね♪

もし体の中で、チャンネルをフジテレビに合わせることができたとしたら、「笑っていいとも」を、テレビなしに見ることができるかもしれません♪（笑）

テレビもないのに、お昼の時間に「いいともぉ〜♪」と絶叫している人がいたら、もしかしたらフジテレビ・チャネラーかもしれません（笑）

ラジオは、もっとわかりやすいですよね♪

デジタル表示のラジオで、ラジオの表示を84・7MHzに合わせたら、外を飛びかっているFM横浜の84・7MHzと波動が合って、FM横浜が聞こえてきますが、この数字を少しでもずらすと、あっという間に波動が合わなくなり、FM横浜は聞こえなくなってしまうのです。

以上の例えのように、**僕達が見えたり聞こえたりしているこの世界は、まさに自分の波動と合っているからこそ、見えたり聞こえたりしている世界**なのです。

だとすると、今、この本を読まれているみなさんは、残念ながら？？？（笑）Angel Eiroの不思議な世界に波動が合ってしまっている不思議な人達ということです（笑）

もう既にみなさんは、このAngel Eiroのエンジェル不思議チャンネルに波動が合ってしまっているのですから、あきらめていただいて（笑）、よかったら最後まで、チャンネルはそのままで！（笑）

提供は、Angel Hiroでした（笑）

とにかく、見える聞こえる世界は、同じ波動だからこそ見えるし、聞こえる♪

自分の中に相手と同じ波動がなければ、その相手は見えないということです。

つまり、**この世界は、「鏡の世界♪」**ということです♪

それは、今出会っているすべての人、すべての存在、すべての環境は、全部自分自身の波動に合っているからこそ見えている、ということなのです。

だからと言って、

「鏡の世界だということは、嫌な人が見えているのは自分の中にその波動があるということだから、反省して自分を変えましょう！」

と、反面教師的なお話をしている訳ではありません。

いいえ、むしろその逆です。

反省はしない方がいいと思います（笑）

反省はいくらしても幸せにはなれません。

なぜなら反省すればするほど、

「自分はなんてダメなんだ。。。」

と思考してしまうのですから、ますます、

「自分はなんてダメなんだ。。。」

と思ってしまうような、反省し続ける現実をさらに引き寄せ続けていくからです。

波動の法則は、「同じ波動だから、見えるし聞こえる」という鏡の法則が、ただ存在しているだけ。

という程度に理解しておくだけで充分なのです。

つまり、**波動の法則を理解したら、反省するのではなく、**

「私が今見ているこれも、鏡なんだな」

と、ただありのままを受け止めるだけでいいのです。

くれぐれも反省はしないでくださいね（笑）

すべてがつながっている♪というワンネスの視点から波動の法則をみると、**今自分の前にある現実という鏡は、「すべてパーフェクトで、何も問題はなかった！」ということに気**

づかせてくれる鏡であると言うことができます。

その上で、改めてその鏡を見て、この現実をより心地よいものにするために自分を整えていくこともできるのです。

お化粧をするときに鏡を見るのは、自分の顔を整えるためですよね♪

毎朝、鏡を見るのは反省するために見ている訳ではないですよね？（笑）

鏡の法則を理解し始めると、自分の映し鏡であるこの現実を、あるがままに受け止めた上で、

「より心地よい現実を生きるために、自分を整えて変化させていこう！」

と思えるようになっていくのです。

つまり反省ではなく、より心地よく今を生きるために、今この瞬間の選択をするようになっていきます♪

しかし、今書いたことを**頭で考えて実行するのはとても難しい**のです。

頭で考えたら、たぶん「鏡の現実なんて受け入れられない」と葛藤が生まれると思います。

だからこそ、この鏡の世界を
「すべてパーフェクトで、何も問題はなかった！」

という視点で見られるようになるために、エンジェルたいっち♪を実践し、**「体に働きか**

ける」ことが重要なカギになってくるのです。

もう一度書きますが、波動の法則は、「同じ波動だから見えるし聞こえる」という鏡の法則がただ存在しているだけ。。

という程度に理解しておくだけで充分なのです。

物質化したアンテナ「体」が、現実世界に影響を与える

幸能力を高めること♪

これが、幸せを引き寄せるカギであることは既に書きました♪

それでは、どのようにしたら効果的に幸能力を開発することができると思いますか？

幸せを感じる心を育てていくためには、自分の心を変えることが効果的なのでしょうか？

心が現実世界をつくり出しているという考え方は真実でもあります。

しかし、だからといって、**心の状態を幸せな心へと瞬間的に切り変えても、残念ながら現実世界はすぐには変わりません。（笑）**

「ハワイになんて行けない！」と思っている気持ちから、「ハワイに行った！」とワクワクする心に切り替えたとしても、体が突然ハワイに行ってしまうことはありません。（笑）

そんな簡単に心の変化だけで体が飛んで行ってしまっては、身が持ちません（笑）

心は物質の世界ではなく、「エネルギー」の世界に存在しています。

なぜなら、心は目には見えないし、触ることもできないからです。

そして、**「エネルギー」は物質化していないので、波動としては不安定です。**

不安定な心の波動で、不安定な心そのものを安定させることはとても難しいのです。

チャネラー（霊媒師）は、突然チャネリングができなくなることがあるそうです。

なぜそのようなことが起こるかというと、チャネラーは心でチャンネルを合わせているからです。

つまり、物質化していない心を使ってチャンネルを合わせているので、とても不安定なため、チャンネルが突然合わなくなってチャネリングができなくなるのです。

また、心を扱うには集中力も必要だと思います。

超能力者がテレビ番組の本番で失敗することがあるのは、超能力を使うチャンネルに合わせるためには心の集中力が必要であり、緊張した状況では難しいからです。


逆に、**物質化している「もの」は、とても安定した波動を保っています。**

波動の法則で取り上げたテレビを例に挙げると、アンテナと受信機という物質化したものがちゃんとあれば、いつでもチャンネルを合わせればフジテレビを見ることができます。

心で集中しなくても、物質化したアンテナは波動をキャッチし、フジテレビの映像を画面に映し出すのです。

例えば、僕が本番生放送のテレビ番組に連れて行かれ、テレビカメラを向けられ緊張しまくっていたとします。

そこで、司会者の人に
「さぁ～、フジテレビをつけてもらえますか！」

と言われ、リモコンを渡されたら、**緊張していたとしても、そして集中力など使わなくても、「8」と書かれたボタンを押すだけでフジテレビをテレビに映すことができます。**

アホな顔して、「サーーン！」とか叫びながら「8」を押しても、ちゃんとフジテレビが映ります（笑）

超能力者のような特別な能力は必要ありませんし、失敗もありません（笑）

でも、もしテレビのアンテナを折ってしまったとしたら、どんなことになると思いますか？

「8」と書かれたボタンを押しても、フジテレビは見えなくなってしまいます。

いくら心の力を使って、「フジテレビ映れ！」と集中しても映りません。

つまり物質化したアンテナが変わってしまうと、テレビに映る世界はまったく変わってしまうということです。

心でどれだけ努力しても、アンテナが折れてしまっては、映し出されている画像をどうすることもできません。

以上のお話で、不安定な心という「エネルギー」に対して、物質化している「もの」は安定していて、現実世界への影響力が大きいことを理解してもらえたでしょうか？

以上のことを理解すると、**物質化している「もの」を変化させることこそ、現実を大きく**

変化させるカギであるということがわかってきます。

そのことについて、より深くお伝えしていきたいと思います。

波動の法則からすると、この現実は自分の映し鏡である、とお話ししましたね。

自分のアンテナが波動をキャッチし、それが自分と同じ波動だから見えたり聞こえたりして、現実世界を映し出しています。

さて、現実世界に最も強い影響を与えているアンテナは、何だと思いますか？

自分の心が影響しているのでしょうか？

チャクラが影響しているのでしょうか？

オーラの傷でしょうか？

心もチャクラもオーラも「エネルギー」です。

もちろん影響はありますが、エネルギーは不安定なものなので、影響力はそれほど強くはないのです。

さぁ～、ここでエンジェルたいっち♪入門コースの奥義の一つをお話しします（笑）

現実世界に最も強い影響を与えているものは何でしょう？？

テレビの例え話でお話ししたように、物質化しているアンテナが現実に大きな影響力がある

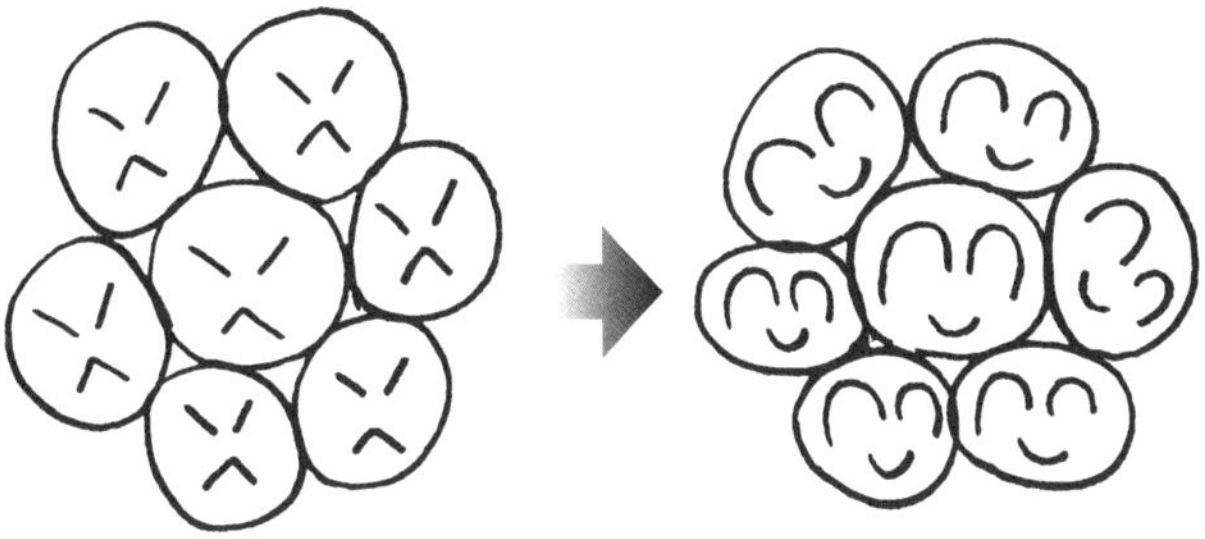

アンテナである「体」が「プンプン細胞」だらけだと、恐怖のホラーチャンネルが映し出されてしまう。それが「ニコニコ細胞」へ変化することで、幸せな現実「ハッピーチャンネル」が映るようになる。

訳ですよね♪
自分の人生に大きな影響を与えている物質化しているアンテナ♪　それは。。。？？

「体」
なのです♪

「体」というアンテナが、実は自分の現実世界に大きな影響力を持っていたのです。
だからこそ、**体を変化させることこそが、最も効果的に現実を変えるためのカギ**なのです。

現実世界で、イライラ、プンプンするような嫌な現実ばかりが見えている人は、そもそも体の細胞達が「プンプン細胞」になっていて、それらが物質化したアンテナの役

割をしてしまっているのです。

さて、このプンプン細胞とは、何ものなのでしょうか？

もちろん顕微鏡で見ても、本書のイラストのような映像は見えてきません（笑）

イメージするなら、こんな感じということです♪

実は、プンプン細胞とは、凝り固まった細胞です♪

これまでの人生経験にもとづいて、「思い込み」や「こだわり」のヅラを強化し続けていくと、人は頑《かたく》なになり、いつの間にか頑固になっていきます。

同じことが、細胞レベルでも起こっているのです。


そう、すべてはつながっているので、心と体もつながっています。

だから、**心が固くなれば、体の細胞も固くなっていく**のです。

固く頑固になった細胞という「物質化したアンテナ」が存在していれば、当然、現実世界ではその頑固なアンテナと同じ波動の映像が安定して自分の心に映り続ける、**つまり頑固なアンテナと同じ波動の現実がいつも見える、ということです。**

良いとか悪いとかではなく、ただそのまんま、あるがままに映し出すだけです。

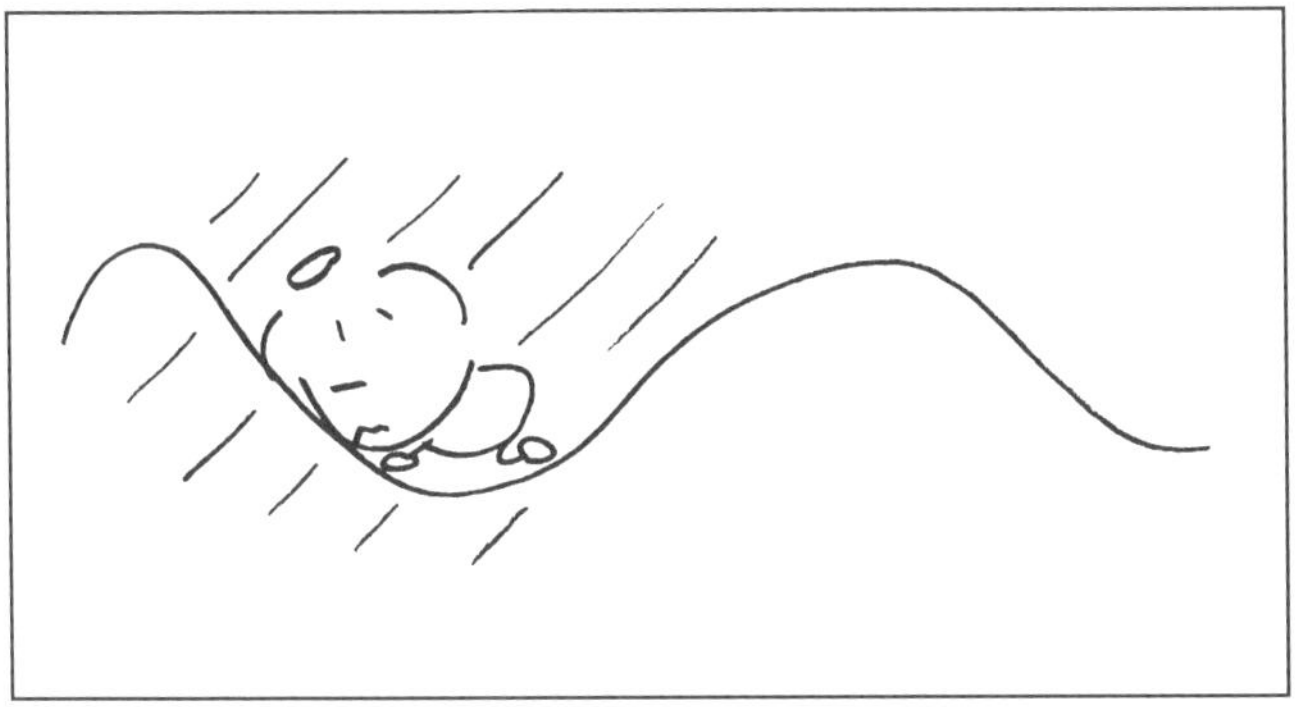

「心」はエネルギーの世界に存在するため、不安定なもの。一方、物質化し安定している「体」というアンテナを変えれば、いつもハッピーな波動を受信でき、現実世界が変わる！

僕は、幼少時に後頭部からコンクリートに落ち、後頭部、頚椎、腰椎にダメージを負ってしまったことで直接的に体がこわばり、さらにいじめで心を閉ざし、それに加えて完璧主義の心がこだわりをどんどんつくり出すので、小学校の頃から体がガチガチに凝り固まったプンプン細胞アンテナだらけでした。

それだけに、**見える現実世界では、そのガチガチのアンテナの波動と同じように、体がガチガチ震えるような恐怖のホラーチャンネルが常時放映されていました（笑）**

こんなアンテナを通じて世界を見ていたので、生きることそのものが怖くて仕方ありませんでした。

まさに、恐怖の鏡の世界を強烈に体験していました。

かつて、僕のガチガチのプンプン細胞アンテナで上司を見たときは、

「上司は、本人の目の前では良いこと言っているけど、裏にまわると陰口たたいて、ホント嫌な人だなぁ〜」

という映像ばかり見えていました。

そして、そのように見えるから、他の先輩達と飲みに行った時に、先輩に相談するように「僕の上司は、本人の目の前では良いこと言っているけど、裏にまわると陰口たたいてるんですよぉ～」

と愚痴を言っていました。

さて、僕は何をしていたのでしょうか？

上司本人の目の前では言わずに、先輩達の前で上司の陰口を言っているわけです（笑）

つまり、実は上司とまったく同じことを自分がやっていたのです。

まさに上司の行動は、自分自身の鏡ってことですよね（笑）

それがどんどん酷くなるとマクドナルドの店員さんの嫌な態度ばかり見えるようになったりして、

「マックなのにスマイルが足りない！」（笑）

と、家に帰ってもマックの店員さんの嫌な態度を思い出し、それが頭から離れないでイライラするようにまでなりました。

ホント、恐怖のホラーチャンネルでした。

そんなときでも、優しい人に出会うこともあります。

ごくたまにでしたが。。（笑）

しかし、ホラーチャンネルのアンテナをつけてる僕にとっては、

「優しい人こそ実は背を向けたときに、突然背後から襲ってくるものだ！　優しくしてくれる人には、必ず裏がある！」

というように、**優しい人に出会ったとしても、恐怖のホラーチャンネルでしか見えなかったのです（笑）**

あぁ〜、ホラーチャンネル超――――怖かった。。。。

僕はこれを、超――繰り返し体験しまくりました。

「マジで、これも鏡、あれも鏡なんだ！　波動が合うから見えるし聞こえるっていう波動の法則はホントだよ……怖すぎ――――」

と、かなり凹みました。

しかも、そんなホラーチャンネル状態で、

「プラス思考が大事、思考が現実化する！」という話を聞いたところで、「どうすりゃいいんだぁ〜。。。」って感じでした。


「ワクワクする気持ちを高めることで夢が叶う！」

ということが書かれている本に出会ったときも、

「ワクワクするだけでいいんだぁ〜♪　そんな簡単なことだけで現実が変わるんだー♪」

と、それを信じられた瞬間だけはワクワクしましたが。。。（笑）

現実世界では相変わらずホラーチャンネルが映し出されているのですから、本を読んだ感動が薄れてきて、冷静に日常を過ごし始めると、

「すみませ〜ん。現実で全然ワクワクできないんですけど。。。どうしたらいいんすかぁ〜？」（笑）

と、再び同じパターンに戻るという繰り返しでした。


頭でいくら「思考は現実化する」「波動は引き寄せ合う」とわかっていても、アンテナから流れてくる映像は、常に恐怖のホラーチャンネルなので、

「そんな能天気な発想できないよ！」

と、心を切り変え続けることができなかったわけです♪

さて、以上の例えから、**物質化している「体」というアンテナが、いかに現実世界において影響力があるのかということを理解していただけたと思います。**

ここからたいっち♪の奥義へと入っていきたいと思います（笑）

プンプン細胞をニコニコ細胞に変える

さて、今までの理論をふまえて、**自分の現実を変えるため**には、どうしたら一番効果的だと思いますか？

そうです♪

物質化している「体」というアンテナを変える♪ という方法ですよね。

折れたアンテナでフジテレビを見ていたら、もしかしたらタモリさんの顔もヤモリに見えてしまうかもしれません（笑）

「ギャー！　ヤモリだ――！」

と、恐怖のホラーチャンネルになる訳です♪（笑）

アンテナを変えない限りは、ヤモリに見え続けるのですから、「ヤモリは自分にとってどんなメッセージがあるのか？」とか、「ヤモリが見えるということは、何かのカルマなのか？」（笑）などなど、心を見つめ直すことくらいしかできません（笑）

しかし、アンテナをちゃんと元どおりにしたら、タモリさんに見えるようになり、

「いいともぉ～！♪」

とノリノリで叫んじゃうわけです♪（笑）

フジテレビの電波に乗っていたのは、最初から「いいともぉ～♪」のタモリさんです。

しかし、アンテナが折れてしまっていては、ヤモリに見えてしまう（笑）

これが、鏡の世界なのです♪

いくらフジテレビに、

「ヤモリの映像なんて、お昼に流さないでください！」

とか訴えても、テレビ局側は「こちらには何も問題ありません」と掛け合ってくれないでしょう。


宇宙もこんな感じなのではないでしょうか？

宇宙はいつも「すべてがつながっていて、すべてはパーフェクト♪」というワンネス世界が見られる、宇宙根源の波動のハッピーチャンネルを放映しているのです。

でも、その波動を受信するためのアンテナが、いつの間にかいろいろな経験からヅラを構築していく中で変わってしまい、人類の多くが無意識のうちに恐怖のホラーチャンネルを見るようになってしまったのかもしれません。

だから、宇宙や神に「どうしてこんなに酷い世界を創造されたのですか！」とクレームを言っても、**宇宙も神も「こちらには何も問題ありません」と掛け合ってくれないのだと思います（笑）**

良いも悪いもありません。**ただ、今の状態のアンテナがキャッチした世界が、現実として見えているだけ**なのです。

つまり、僕らの現実世界は、物質化したアンテナである体の細胞が映し出している鏡の世界なので、心の世界を心で変えるという難しい方法ではなく、物質化したアンテナである体を変える、つまり**恐怖のホラーチャンネルを映し出していたプンプン細胞を、ハッピーチャンネルを映し出してくれるニコニコ細胞に変える！（爆）**

これがたいっち♪の奥義なのです♪

どど――――ん♪（笑）

と、僕は張り切って書いていますが、たぶん、みんなのテンションは、

「ふ――――ん。。」

という程度かもしれませんね（笑）

しかし、これ、マジでスゴイんですよ！

僕がこのニコニコ細胞に変わったことで、どれだけ人生が変わったと思いますか？

人間不信で、隠居か、ぽっくり早死にすることが夢で、ホラーチャンネルが大好きだった僕は、どこかへ行ってしまいました♪

いると言えばいるのですが、ほとんど顔を出さなくなってしまったのです。

なぜなら、**ホラーチャンネルがほとんど見られないアンテナに変わってしまったので、そのホラーチャンネルに登場する「孤独で人を信頼できないダークな僕」という役者の出番がなくなってしまったのです（笑）**

そんなホラー大好きな過去の僕は、エキストラ的な存在になってしまいました♪（笑）

ということで、思考で心を変えるという不安定で難しい方法で現実を変えるよりも、もっと簡単に現実世界を変化させる方法は、

「アンテナを変える」

つまり、体を変えることなのです。

以上の話から、この体を変える方法がとっても効果的であることを理解してもらえましたか？

たいっち♪は、まさに**自分のアンテナである細胞の状態を変える、つまりプンプン細胞をニコニコ細胞に変えていくということを意図した実践法**ですので、たいっち♪をしているだけで幸せになっていくということが起こるのです。

魂の故郷は「今ここ」にある「体」

プンプン細胞をニコニコ細胞に変え続けると、幸能力が目覚めていきます♪

ニコニコ細胞は、幸せなハッピーチャンネルをキャッチしやすいからです♪


そして、幸能力が目覚めると、悩みが一瞬にして消えることが起こりやすくなります♪

さて、先ほど一瞬にして一切の悩みが消えるヒントを既に述べましたよね。

それは、究極のプリンを食べた瞬間です♪（笑）

なぜそれが起こるかというと、味覚という「体」の感覚を通して、意識が「今ここ」に強烈に戻ってくるからです。

「美味しい」という味覚がキャッチした波動に体が反応したことで、「今ここ」に戻ってきたのです。

僕は、悟り体験のようなものを何度かしましたが、そのワンネス体験のときの波動と、
みんなが美味しいプリンを食べたときに発する波動は、実はまったく同じものでした♪
はっきり言って、これに気づいたときはショックでした。

あんなに苦労して、怪しい薬草を飲むためにペルーまで行ったり、ストイックにベジタリアンしたり、悟るためにいろいろな修行（笑）をしまくったのに、なんと、みんなはプリンを一口食べただけで悟りの境地に至っているではないですか？（笑）

そう、実は、「すべての人は、もう悟っている」のです。

本当は、この僕が書いている情報も、みんなどこかで知っているのです♪

内側に既に知っている波動があるから、鏡として今これを見ているのです。

たいっち♪的なワンネスの視点からすると、**すべてはつながっているということは、すべてが自分の中に既に存在しているということです♪**

既に足りている。

既に悟っているという視点なのです♪

僕がエンジェルトークをしているとき、次のようなことがよく起こります。

聞いている人のヅラがスコ――ンと完全に脱げた瞬間、その人は大きく目を開けて覚醒したあと（笑）、

「あぁ～、やっぱり」

というような、まるで、お家に帰ってきたような安心感を得た顔をするのです（笑）

このことが起こるのは、ヅラが脱げることで、自分が帰るべき魂の故郷である「今ここに存在している体」に戻ってきたからなのです。

魂の故郷は、残念ながら地球以外の星にはありません（笑）

かつての僕は空を見上げては、

「星へ帰りたい！」（爆）

と頻繁に思っていたのですが。。

今この瞬間、人間として生きている私達にとって、「今ここ」に存在してくれている「体」こそが魂の故郷なのです。

僕は、この故郷を忘れて、未来と過去に意識を飛ばしまくり、高次元に行ったり、光の世界へ行ったり、ハイアーセルフの世界へ行ったり、なかなか「今ここ」の体に戻れなくなっていました（笑）

魂の故郷であり、魂のお家は「今ここ」であり、「体」なのです。

なぜ、プリンを食べて「今ここ」に戻ってきたときに、悟り体験と同じ、「すべてがつながっていて、すべては「パーフェクト」というワンネスを感じている状態と同じ波動になると思いますか？

宇宙根源の波動は、たった一つで、その波動が世界をつくっているのでしたよね♪

そして、その宇宙のビッグバンの始まりからある宇宙根源の波動は、どこに存在していると思いますか？

過去ですか？

未来ですか？

それとも高次元ですか？

光の世界ですか？

それともハイアーセルフの住む世界ですか？

本当の自分の中にですか？

そんなところには、ありません！（笑）

と、あえて否定形の言葉をいろいろ入れることで、「ヅラずらし」をしてみました（笑）

ヅラ、ずれた人いますか――――♪（笑）

その宇宙根源の波動がある場所は、「今ここ」なのです♪

宇宙がビックバンから始まって、ず――っと「今ここ」、「今ここ」の連続で拡がり続けた結果、私達の存在している「今ここ」が存在しています。

その宇宙根源の波動にチャンネルが合って、「宇宙根源の波動チャンネル」が見えたらどのように映ると思いますか？

そう、すべてがたった一つの波動でできているのですから、大嫌いだと思っていた人も、実は自分だったんだ！

自分自身の内側にいるダメな自分も、嫌な自分も、孤独を感じる自分も、すべて、たった一つの波動がつくり出している素晴らしい奇跡なんだ♪

そして、シャープペンやパソコンや、机や、家や、森の木々も、みんなみんな自分と同じ「たった一つの波動」がつくり出した素晴らしい世界なんだ――♪

すべての源は一つで、すべてが自分、本当に世界は一つだった♪　というスーパーハッピー・ワンネスチャンネルが映る訳です（笑）

心はいつも幸せを感じたいという性質を持っています。

つまり安定と安心をいつも求めているわけです。
だからこそ、永遠の安定・安心を求めて、解脱して輪廻転生《りんねてんせい》から脱出したいと思って「悟り」を目指したり（笑）、ありもしない「永遠の愛」を追いかけ続けたりするのです（笑）
ここでも「あえて否定形」を使って「ヅラずらし」をしておきました（笑）
またヅラずれちゃった人いますか〜？（笑）
「無条件の愛や、永遠の愛は、絶対に存在する！」と信じている人は、ぐらっとズレたと思います。

「無条件の愛」とは、実は「『無条件』という条件付きの愛」なのです（笑）
それを追いかければ。。既に書いたように、そのような愛を追い求め続ける現実を創造してしまうのです（笑）

切り離されているという思いや、孤独感が不安感をつくっています。

しかし、宇宙根源の波動につながったら、

「すべてがつながっている」

「世界はみんな自分自身」

「切り離されてなんていなかった」

という感覚がやってきます。

そうなると、**すべてがつながっているという究極の安定・安心感、つまり究極の幸せ感が得られる訳です。**

「今ここ」につながるだけで、悟りを追い求めなくても（笑）、永遠の愛を追い求めなくても（笑）、「究極の安定・安心」が、ただ存在しているだけで感じられるようになるのです。
ということで、究極のプリンを食べて、「今ここ」につながる状態になると！
ニッコリ♪（笑）
と微笑んでしまう究極の幸せがやってくるのです♪

すべてがつながっていて、すべてがパーフェクト、すべてはうまくいっている♪

というたいっち♪で大切にしている世界観からすると、今お話ししたように、実は「心には何も問題はなかった」、そして、「体にも問題はなかった」と体感できるようになるのです。

まずは、「現在の自分」という、宇宙がつくり出してくれた今この瞬間の奇跡に感謝し、

ありのままを受け止めることがカギなのです。

反省する必要はなかったのです。

すべてが完璧だったのですから、今この瞬間の奇跡に感謝する気持ちにフォーカスすることが大切だったのです。

僕自身、自分に問題があると思ってきたからこそ、何も問題がない！　というこのたいっち♪の情報に出会うことができたと言えます。

やっぱり心がボロボロ、体がボロボロだった過去もすべてうまくいっていたのです。

「今ここ」につながりやすくなったことで、

「体がボロボロ、心がボロボロになってよかった――♪　ボロボロのかつての僕よ、ありがとう――♪（笑）」

という気持ちになれたのです♪

すべてがつながっていて、「今ここ」がパーフェクトなのです♪

これまで書いてきた法則と理論をうまく使うと、今の現状を受け入れた上で、より快適なチャンネルを見ていくためには、**アンテナである体をほぐす実践をしていくことが大切**なのです。

以上の理論を最も効果的に実現させる方法が、たいっち♪をして、体をほぐしていくという方法なのです。

「常時温泉状態」が幸能力を引き出す♪

自分を成長させても、幸せにはなれません（笑）

そして、既にお話したように**プリンを食べると一瞬で幸せになれますが、食べ続けると今度は横に成長してしまいます（笑）**

それに、毎日のようにプリンを食べていたら、味覚が慣れて幸せ感は当然薄れていってしまいます。

そこで、プリン以外で、常時「今ここ」につながった状態をつくり出す方法が必要ですよね？

もう一つ「今ここ」につながる例え話をします。

先ほど例に挙げた喫茶店で彼氏の悩み相談をしている二人組が、悩んだ状態で温泉旅行に行ったとします。

湯船に浸かる寸前まで、二人は悩みを解決する方法を考え続けて浮かない顔をしています。

ところが湯船に浸かった瞬間、

「あぁ〜、なんか幸せやねぇ〜〜♪♪」（笑）

ニッコリ♪（笑）

と、これまた二人とも「今ここ」という悩みのない世界につながることができたのです。

ここで、プンプン細胞について少し詳しくお話しします。

凝り固まったプンプン細胞がアンテナとして働いていると、悩みのチャンネルが見え続けます。

プンプン細胞は「思い込み」や「こだわり」を強く持ち続けることで凝り固まってしまった細胞と書きましたが、細胞は凝り固まると細胞の周りの毛細血管が縮まり血液の流れが悪くなります。

凝っている部分は冷えているのです。

冷え性が大病のもとと、最近言われるようになりましたが、まさに**プンプン細胞だらけになると血行が悪くなり、体が冷えて恐怖で震えるガチガチ・ホラーチャンネルが見えやすくなり、心も病んで、さらには大病をつくり出してしまう可能性につながる**のだと思います。


それに比べ、赤ちゃんの細胞は、ニコニコ細胞だらけです。

ニコニコ細胞はふわふわ柔らかい細胞で、毛細血管がしっかり開いているので、とっても暖かいのです。

ニコニコ細胞でいっぱいの赤ちゃんは、どんな現実を見ていると思いますか？

赤ちゃんを電車の中で見かけると、たいていその周りでは大人達が笑顔になっています。

まったく見知らぬ関係の人たちなのに、「可愛いですね♪」と会話が弾んでしまったりします。

みなさんも、赤ちゃんの笑顔見たさに、一生懸命ニコニコ笑いかけてしまいませんか？（笑）

ヤクザであっても、赤ちゃんと出会う直前まで「どけどけ――」と恐い顔して歩いてきた

のに、赤ちゃんと目が合ってニッコリ微笑まれた瞬間、

「おぉ〜、よちよち、可愛いなぁ〜♪」

と、ヤクザというヅラがすっかり脱げて、素直な優しいおじさんになってしまいます（笑）

このように、赤ちゃんはニコニコ細胞でいっぱいなので、赤ちゃんから見る現実世界は多くの場合、ハッピー・ニコニコチャンネルが映っているのです。

ニコニコ細胞がいっぱいになると、自分の鏡として**素直な人たちがいっぱい見える世界になる**のです。


先ほどの温泉の例え話に戻りますが、温泉に浸かったとき何が起こったかというと、プンプン細胞によってホラーチャンネルにフォーカスしていた状態から、温泉に浸かることで沢山の細胞が一気に暖められて毛細血管が開き、プンプン細胞がニコニコ細胞に変化したことで、二人ともハッピー・ニコニコチャンネルが見える状態になったのです。

つまり、**体が暖まってリラックスすると、自然と「今ここ」に戻り、ハッピー・ニコニコチャンネルが見えるようになる**のです。

たいっち♪を実践すると、全身の気の流れがよくなります。

気の流れが良くなった状態は、ニコニコ細胞でいっぱいの状態と同じなのです。

たいっち♪を実践し続けると、プンプン細胞がニコニコ細胞へと変化していき、恐怖のホラーチャンネルからハッピー・ニコニコチャンネルに切り替えていくことが自然に起こるのです♪

たいっち♪を実践し続けることは、「常時温泉状態」をつくり出すことです。

そうなると、ハッピー・ニコニコチャンネルを沢山見ることができるようになり、日常の中で、まるで温泉に入ったときのように、

「あぁ～、なんか幸せやねぇ～～♪♪」（笑）

という、**今既にある幸せを感じやすくなっていく**のです。

幸せを感じれば感じるほど、幸せな思考がいっぱいあふれるようになり、幸せな現実を創造していくというサイクルに入れるようになるのです♪

たいっち♪で運動能力もアップする!?

以上の理論をまとめると、重要なのは**「体をほぐすと心がほぐれる♪」**ということであることがわかってもらえたと思います。

たいっち♪以外のいろいろな体ほぐしの方法でも、たいっち♪と同じ効果が得られると思われるかもしれませんが、**この理論をもっとも効率よく楽な方法で実現する修練方法がたいっち♪**なのです。

僕自身、ヨガや体ほぐしのボディーワークを学びましたが、たいっち♪の修練効果は本当にすごいのです♪

そして、ヨガのインストラクターをしている人が、今まで何人もたいっち♪のクラスに来ましたが、

「ヨガを教えていますが、たいっち♪はホントにすごいので、自分のためにたいっち♪を続けています」

と、たいっち♪の驚くべき効果とすごさを実感してくれています。

僕自身、たいっち♪以外にはほとんど運動をしていないのに、筋力は落ちないし、体力も落ちていかないのです。

ここ2、3年間は、車での移動がほとんどで、歩くこともほとんどしなくなっていたので心配して、

「そろそろスポーツクラブに通って、定期的に運動した方がいいかも？」と思い、この間スポーツクラブに入会したのです。

入会してすぐに体力測定をしたら、なんと「優れている！」という評価が出てしまったのです（笑）

たいっち♪しているだけなのに（笑）

以上は僕の体験談でしたが、**たいっち♪受講生の報告でも、ダンスがうまくなってしまったり、スノボーが上達してしまったり、と沢山の人から運動能力に変化が起こったという報告も続出している**のです。

さぁ～、以上の理論を理解していただいたところで、たいっち♪の気功法の具体的な説明

に入っていきたいと思います♪

そして、実践するときに覚えておいていただきたいことがあります。

それは、ただ漠然とたいっち♪を実践するだけでも、もちろんそこそこの効果はあるのですが、**これまでにお伝えしてきた理論を頭の片隅に置きながら修練すると、驚くほど効果が高まる**、ということです。

なぜなら、思考は現実化するからです♪

どのような思考を持って実践するかが体のアンテナに変化をもたらし、現実を映し出すのですから、たいっち♪理論を理解して実践するのと、「ここに書かれている内容は間違っている」と思いながら実践するのでは、まったく効果が違ってきてしまうからです。

思考は現実化するのですから、ここまでの理論を読んで、

「確かにそうかも！　面白そう♪　ワクワクしてきた♪」

という方のみ実践してみてください。

「Angel Hiro の理論は間違ってると思うけど、沢山ミラクル体験が起きているみたいだから信じてやってみよう！」

というような、**Angel Hiro が間違っていることを証明しようとするような気持ちで実践**

することは、絶対にしないでくださいね♪（笑）
そのような気持ちで実践すると、その思考が現実化して、おそらくここに書かれている理論とはまったく違う結果が起こると思います（笑）
ヅラを外すことに抵抗があって、**自分の信じている世界でうまくいっている人は、その信じている方法がその人にとって最適**なのですから、ご自身の信じている世界を楽しんでください♪
くれぐれも、Angel Hiroを信じてはいけません（笑）
効果は一切保障していませんので。。。
すべて自己責任において実践してください♪

これまでにご説明した、たいっち♪理論と、ある気功法（次章で紹介）を融合させることで、本当に素晴らしい「幸能力」を開発できるようになります♪
実際、たいっち♪を受講してこの理論のもと実践し続けた人達には、楽しい気持ちやワクワクする気持ちが沢山あふれるようになって、毎日幸せを感じながら過ごしている人が沢山いるのです。

さぁ～、幸せをいっぱい感じる人生になるための秘密を理解していただいたところで、いよいよ実践に入っていきましょう♪

Chapter 5 エンジェルたいっち♪を始めよう!

楽道《らくどう》の楽ちん気功法

エンジェルたいっち♪の功法は、「元極功法《げんきょくこうほう》」という修練法がベースになっています。

たいっち♪は、その元極功法にこれまでお話した理論と「すべてがつながっていることを体感する」という意図を合わせることで、幸能力がさらに高まるようにAngel Hiroが改良を加えたものです。

元極功法は、元極学という学問の中で実践されている修練法です。

この修練法は、厳密に言うと気功ではありません。

元極功法は、中国政府が「ただの気功ではない！」と、そのすごさを認め、「気功とは別のものである」と認定したことがある素晴らしい功法なのです。

このため、この元極功法が基盤となっているたいっち♪も本当は気功ではないのです。

ただ、一般的にお伝えするには、「気を活性化する健康法」ということで「気功」と言った方が伝わりやすいので、あえて「気功」として伝えています。

元極功法は、2006年にフジテレビで放映された「奇跡体験！アンビリバボー」の気功特集の中で、中国で最も有名な気功師として紹介された張志祥《ちょうししょう》という人が公開したものです。

1995年ごろにも、日本テレビ「スーパーテレビ」で「奇跡を起こす男達」として、張志祥氏が取り上げられ、元極功法は、難病治療や半身不随など沢山の病気に治療効果があると報告されました。

その後、沢山の人が難病治療のために日本から中国に行ったそうです。

元極功法は、さかのぼると「金」の時代に全盛期を迎えた道教の一派である「太一道《たいちどう》」の流れを汲んでいます。つまり、道教《どうきょう》をルーツに持つ修練法なのです。

道教というと、宗教を連想しますが、実はそうではありません。

道教の「道」はタオと読み、宇宙のことを示しています。

つまり、道教は宇宙観のようなものです。

修練を通して宇宙の法則を理解し、自分自身で宇宙を体感する方法、と言われたりもします（宗教として道教を行っている人もいるのかもしれませんが、たいっち♪では、以上のように道教をとらえています）。

このようにとても由緒ある元極功法なのですが、古い教えが含まれていたり、複雑すぎる部分があったりするので、**なかなか現代の日本人にはなじみにくかったり、継続しにくかったりする部分があります。**

素晴らしい功法であっても、多くの人に伝わらなければ意味がないし、また伝えても継続することができなければ宝の持ち腐れになると思い、**僕のようなボロボロで何をやってもうまくいかないタイプの人でも継続できるようなものを伝えていこうという思いから、たいっち♪が生み出されたのです。**

つまり、たいっち♪は元極功法ではありません。

たいっち♪は、Angel Eiroが体得した幸せになる方法を実現するための幸能力開発を目的としたオリジナルの功法になっています。

たいっち♪を実践し続けた結果、膠原病《こうげんびょう》などの難病が治ったという体験談がいくつか報告されていますが、あくまでも健康法です。

ここで、改めて書いておきたいことがあります。

それは、僕を信じてはいけません（笑）ということです。

しつこいようですが、とっても重要なので繰り返します♪


間違ったやり方をしたら、体に害が起こるのではないか？

元極功法の正しいやり方でやらなければ、効果が得られないのではないか？

Angel Hiro を信じて大丈夫か？


以上のことが気になって仕方ない人は、ぜひ、元極功法を学ぶことをお勧めします（笑）

たいっち♪は元極功法ではなく、元極功法の素晴らしさに依存するものではありません。

元極功法に基づいた知恵をつかって、自分の内なる知恵につながるサポートをするものなのです。

なので、あくまでも自己責任でたいっち♪を行える人のみ、たいっち♪を修練してください。

僕に責任を押し付けて実践し続けていては、自分の内側に自分自身を整える力があることに、本当の意味で気づくことはできないからです。


自己責任のもと、たいっち♪を実践することで、自立が促されていくのです。

たいっち♪が道教とのつながりが深かったためか、元極功法以外の道教つながりでも面白い出来事がありました。

たいっち♪を修練し続けて7年くらいが経過したとき、友人から「Eiroに一度会わせたい人がいる」と言われ、道教のマスターと会うことになりました。

そのマスターに出会ったときに、

「あなたは、既にチベットの高僧と同じ波動を持っています」

と言われ、とっても気に入られてしまい、お友達になってしまったのです。

実は、彼自身がチベットの高僧の位を持っており、それはダライ・ラマの流れを汲む位とのことでした。

そのマスターが、道教の知恵をいろいろ伝授してくれたのですが、自分にはたいっち♪が最適な修練法と感じていたので、主な修練はたいっち♪をして、彼に教わった修練法はときどき行っている程度でした。

その後、彼から、**「Eiroは、既にタオ（道）そのものを生きている」**と言われました。

タオ（道）を生きているというのは、道教的には道教で伝えている道（宇宙）そのものを生きている♪ということだそうです。

えらく気に入られてしまったものです（笑）

そして、彼から、

「道教の指導資格を渡したい。自分が伝えた修練法をいつか、この人はと思える人に出会うことがあったら伝えてほしい」

と言われました。僕は、「たいっち♪を伝えているし、今伝えている方法で十分すぎるほど沢山の人に効果が表れているので、その資格をもらうことで自分自身に何らかの制限が生まれるならいらない」と思ったのですが、

「この資格をもらうことで生まれる制限は何もない。ただちゃんと正統なものを継承したという証として資格を渡したいんだ」

とのことだったので、その指導資格をもらうことになってしまったのです（笑）

さらに、その時、彼の先生である中国人の道教のグランドマスターから、道教名までもらってしまいました。

このグランドマスターは、道教の世界において、世界的にすごく有名な人だそうなのですが、いろいろな都合により名前は明かせません（笑）

道教名はその人の資質を表すとのことで、どんな名前が来るのか楽しみにしていました♪

そのもらった名前は、

「楽道《らくどう》」（爆笑）

僕は、この名前をもらったとき、思わず大笑いしてしまいました（笑）

しかし、彼は言いました。

「道教において、『道』という字が入った名前をもらえることは、とても名誉なことなのですよ。それは、『道（タオ）』を生きているという証でもあるからです」

こんなAngel Tiroとか名乗っている不思議な人が、「道（タオ）」を生きているのでしょうか？（笑）

しかも、楽道です（笑）

楽《らく》な方法で、楽しく宇宙（道）を生きている者ということですよね（笑）

確かに、エンジェルたいっち♪では、すべてはつながっていて、すべては一つ♪というシンプルで楽な世界をお伝えしています♪

そして、たいっち♪を続けた人は、本当に毎日が楽しくなっていく人が多いのです♪

たいっち♪は、お気楽な気功と書きましたが、**楽して、楽しく宇宙（道）を生きたい人は、**

このエンジェルたいっち♪の方法が最適ということを、中国人の道教のグランドマスターから認定されたようで嬉しかったです。

しかし、この中国人の道教のグランドマスターはすごいですね♪

一度も会ったことないのですが、僕のことがわかるようでした。

実際、僕がエンジェルたいっち♪を伝えて、実践し続けた人の中には、僕と同じように、楽して楽しい人生になっていっている人がどんどん増えているので、「楽道な人生」でいきたい人はこのエンジェルたいっち♪が最適なのだと思います（笑）

実はこの話は、あまり今まで表に出さなかった秘話なのです（笑）

なぜ、今回このことを本に書いたかというと、気功を学ぼうとする人の中には、正確に覚え、正しいやり方で真剣に行わなければいけないと思っている人もいます。

しかし、正確に覚えて実践しようとすると、今度は「正確に実践しよう！」という気持ちが強すぎて、**かえって「間違った修練をしないようにしよう」という思考を生み出し、「間違った修練」を創造してしまうのです（笑）**

とはいっても、究極的にはすべてはつながっているので、間違った修練法というのは存在せず、その時出会い、その時学び実践した修練法は、実はその人にとってパーフェクトなタイミングで出会っているものなのです。

このことを理解していただければ、これからお伝えしていく**楽道の楽ちん気功であるエンジェルたいっち♪が、シンプルにとらえ、適当にやることをなぜ大事にしているかが理解しやすくなる**と思ったので、話に箔を付けるために、楽道という名前を持っている秘話を公開することにしました（笑）

余談ですが、苦行が大好きで道（タオ）を生きるようになった人は、「苦道《くどう》」とかつけられるのでしょうか？（笑）

その人は、「楽道」の僕のように、おしゃべりでウルサイ人ではなく、**「苦道」の人は、きっと「静か」なのでしょうね（笑）**

くどう　しずか。。。。（笑）

さらなる秘話があるのですが、これは何年か先にまた公開したいと思います（笑）

秘密があるほど、奥深さを感じ、エンジェルたいっち♪に、さらに興味を持ってしまいま

せんか？（笑）

みなさん、既にエンジェル・マジックにかかっているかもしれませんよ！（笑）

とにかく、たいっち♪の基礎は元極功法ですが、元極功法の詳細な説明まではここでは行いません。

どのような功法を実践するのか、そしてなぜ、たいっち♪の基盤を元極功法に選んだのかという重要なポイントにのみ絞ってお伝えしていきます♪

修練法を行うために大事なのは、面白そうかも？　という好奇心です♪

ワクワクする気持ちが大切なのです♪

単なる自慢話に聞こえたかもしれませんが、せっかくエンジェルたいっち♪に出会っていただいたので、このワクワクする好奇心を高めるために、「楽道」の話を書かせていただきました。

思いの力、思考の力が現実をつくり出すのですから、シンプルに楽しく気功をする方法こそ、チベットの高僧のような波動になれる近道？　かもしれません（笑）

ただし、僕を信じてはいけません（笑）

実践するのは、この本を読んでいるあなた自身です♪

僕を信じるのではなく、自分自身のワクワクする気持ちを信じて実践してください♪

さぁ〜、ますますエンジェルたいっち♪に興味を持っていただけましたか？（笑）

誰でもわかる！　気功の基礎知識

これからお話するのはエンジェルたいっち♪においての基礎情報であり、一般的な気功の世界でのとらえ方とは違うかもしれません。

シンプルに楽しく気功をやるために、必要な情報だけをお伝えしていきます。

とにかく、**楽して人生楽しく生きてもいい♪ということを、自分自身に許可した人が行っていく楽道の功法な**ので、リラックスして、楽しく読み進めてください（笑）

◎気とは？

気とは、「万物の根源的なエネルギー」と定義します。

万物、つまりすべての物質をつくり出しているエネルギーを気と呼びます。

気には陰と陽があって、その両極がエネルギー場をつくり出すことで物質がつくり出されています。

陰のエネルギー、陽のエネルギー、その両方をつくる根源的なものを「宇宙根源の波動」ととらえるのが、たいっち♪の中での気の概念です。

◎気功とは？

人体における気を整えるために行う健康法を、ここでは気功と呼びます。

気には陰陽があり、その陰陽のバランスが整っていると、生命エネルギーが満ちあふれ健康でいられますが、陰陽のバランスが崩れると元気がなくなったり、病気になったりします。

つまり、**気功を行うことで、体内の陰陽のバランスを整え、生命エネルギーが満ちあふれる健康体をつくることができるのです♪**

◎経絡《けいらく》・経穴《けいけつ》とは？

経絡は、気が全身へ流れるための通り道です。

血液が血管を通って全身へ流れるように、気は経絡を通って全身を回っています。

経穴は、一般的にツボと呼ばれ、経絡上に点在するエネルギーの出入り口です。

経絡と経穴の状態をよくすることで気の巡りがよくなり、体内の陰陽のバランスが整っていくのです。

主な経絡
・**任脈《にんみゃく》**……主に体の前側にあり、陰に属する
・**督脈《とくみゃく》**……主に体の後ろ側にあり、陽に属する

主な経絡《けいらく》と経穴《けいけつ》（ツボ）

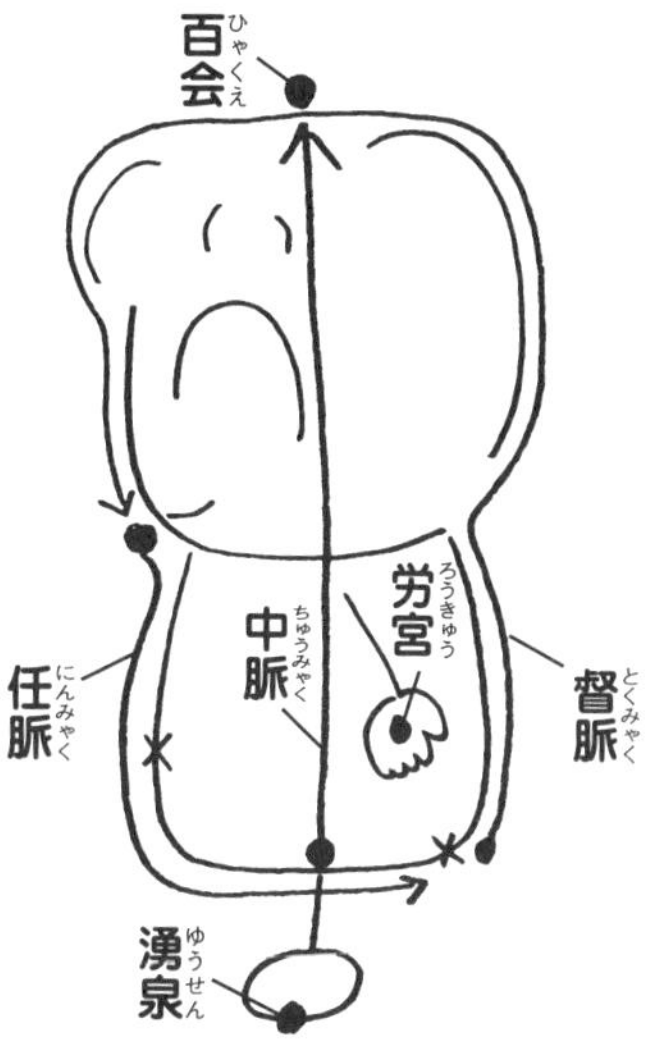

・**中脈《ちゅうみゃく》**……体の中心にあり、陰陽が統合されている

主な経穴（ツボのこと）

・**百会《ひゃくえ》**……頭頂（意味：天門・陽）

・**湧泉《ゆうせん》**……足の裏の中心から少しつま先に寄ったところ（意味：地門・陰）

・**労宮《ろうきゅう》**……手のひらの中心（意味：人門・陰陽統合）

◎邪気《じゃき》と正気《せいき》

邪気とは滞った気、流れにくくなった気です。

水に例えるならば、流れが悪くなってしばらく時間が経過した水は悪臭を放ち、そのよどんだ水を体に取り込んだら、病気になってしまいますよね？

逆に、流れのよい状態の清流の水は、健康によいとされます。

滞った気である邪気に対して、流れの良い気は正気と呼びます。

修練をして沢山の邪気が体から出るときには、実際に体から悪臭が出るときがあります（笑）

こういうときは、窓を開けて行うのが望ましいです。

逆に、修練を続けて**全身に正気があふれるようになると、体からお花のようないい香りが漂うようこともあります。**

◎臓器と心理活動の関係

気功においては、体の各臓器と心の動き、つまり**臓器と心理活動は密接につながっている**と言われています。

次のような関係性です。

・肝臓……怒
・心臓……喜
・脾臓……思考
・肺臓……悲
・腎臓……恐

・肝臓

アルコールは体にとって毒ですが、肝臓が「変容」という機能を果たしてくれることによって、体にとってプラスにも働くようになるのです。

怒りという感情のエネルギーも、毒のようなものなのです。

怒りの感情も変容させることができれば、自分のこだわりを発見する大切なエネルギーになるのです。

・心臓

全身にドクドクと喜びの波動を送っています。

全身の気の巡りがよくなると、全身の血液の流れがよくなり、喜びが自然にあふれてくるようになります。

・脾臓

考えてもしょうがないことを考えすぎると、脾臓のあたりが痛くなったりします。

つまり、**「考えても仕方がないことを、考えすぎてるよ！」と脾臓が教えてくれている**のです。

・肺臓

悲しいときは、胸を張れなくなり、気持ちが落ち込んで、胸を閉じる姿勢になってしまいます。

すると深い呼吸ができなくなり、ますます悲しみが深くなり、猫背になってしまうのです。

セラピー療法において、**呼吸を深くすることで悲しい過去の感情を手放すことができる**

のは、肺が悲しみの感情とつながっているからです。

・腎臓

映画などで、登場人物がすごく怖い体験をしたときに、おしっこを漏らしてしまうシーンがあります。

なぜ、このようなことが起こるかというと、腎臓は血液をろ過し、尿を作り、それを膀胱に溜めているからです。

すごくショッキングな怖い体験をしたときに、**その恐れの波動を尿とともに体外へ排出する**ことで、ショック死しないように防いでくれているのです。

このように、臓器と心理活動は、密接につながっているのです。

たいっち♪を行うことで、臓器の陰陽のバランスが整っていくため、心理活動のバランスも自然に整っていくのです♪

怒りっぽいとか、考えすぎてしまう人などは、気功で臓器の陰陽のバランスを整えることで、心理的なバランスが取りやすくなるのです。

心のバランスを心で取るのは難しいのですが、物質化したアンテナは影響力が強いという話をしたように、**たいっち♪の実践によって、物質化しているアンテナである臓器のバランスを整えることで、自然に心のバランスも取りやすくなっていく**のです。

たいっち♪をすることの重要性が、さらにさらにわかってきたでしょうか？

暗号の波動を細胞へ伝える

それでは、ここからは元極功法に特有の部分を説明していきます。

元極功法の修練法を「楽道」（笑）の世界に翻訳して活用すると、たいっち♪で伝えたい**「すべてがつながっている♪」という世界観を、体を通して理解するのに最適な修練法になる**のです。

さらには、**あるがままの自然体、そのままの自分を受け止めるのに最適な修練法にもなってしまう**のです。

このような、楽道的な修練を行うための重要な部分をこれから書いていきます。

修練を行うときに最も重要なものの一つが、元極功法の奥義である十字真言《じゅうじしんごん》というマントラ（神秘的な力を秘めた語句）です。それは、「唵《あん》、噤《じん》、咪《みぃ》、噼《ぴぃ》、嗾《じぃ》、叭《ぱー》、唖《やー》、嚥《いん》、吪《ふぉあ》、啶《でぃん》」という十個の音です。

この十字真言というマントラの意味は、『元極功入門』（広岡純著、学習研究社刊）によると、

「**十字真言は、人間の妊娠期の十か月胎音《たいおん》である。**胎音とは人体の生命運動の遺伝情報暗号で、生命活動は、すべて胎音のコントロールによって規律正しく展開されている。この胎音を体内でたえず念ずることによって、胎音の情報エネルギーを強め、人体にいろいろな特別な効能をもたらすのである」

と書かれていました。

この奥義がどれだけ素晴らしいものなのかを知ったのは、僕が修練をし続けて何年も経過してからのことです。

そして、修練すればするほど、何度も何度も、改めて素晴らしい情報であることを感じ、**張志祥氏がこの情報を公開してくれたことに、深い感謝の気持ちがあふれてくる**のです。

僕は、修練を始めたころ、このマントラを唱えることが素晴らしい効果を生み出すとは、正直あまり思っていませんでした（笑）

「信じる者は救われる」的なものだろうと思っていたのです（笑）

しかし、このマントラは本当にすごかったのです。

修練し続けて10年以上経った今、この奥義をより深く理解したことで、さらに修練の効果が高まっています。

今から書く内容は、僕なりに理解したものであって、元極学を学んでいる人から見たら、まったく違う見解かもしれません。

しかし、既に述べてきた「思考は現実化する理論」からすれば、**自分にとって心地よい思考をすることで、自分自身にとって心地よい現実を創造する**のですから、このとらえ方が心地よいととらえられる方は、たいっち♪を実践するとよいと思います。

僕は次のようにとらえて修練した結果、今のような効果が得られました。

そして、たいっち♪受講生にも同じように伝えてきたことで、同じような効果が得られているようです。

たいっち♪では、十字真言を次のようにとらえると定義をします。

まず胎音とは何か、ということから書きます。

ここでは、**「音」というものを情報を持った波動と解釈します。**

つまり「胎音」とは、お母さんのおなかの中で「胎児」として存在しているときに、受け取る波動です。

人間はお母さんの体から生まれるまで、約10か月間はお母さんの子宮の中でしか生きられません。

受精卵だったり、妊娠5か月目だったり、10か月経過する前にお母さんの子宮から出てしまうと死んでしまいます。

つまり、お母さんの子宮で「胎音」を10か月間かけて受け取ることで、人間という生命体が完成し、お母さんの肉体と物理的に切り離されても生きていけるようになるのです。

この、10か月かけて「人間」という生命体になるために必要な遺伝情報暗号の波動が、十

字真言なのです。

言い換えると、すべての細胞の生命運動をつかさどっている遺伝情報、つまり**生命活動にかかわっているDNAを、正常な波動に整えるのが十字真言**なのです。

僕らの体は、お母さんのおなかの中にいたころは、ニコニコ細胞でいっぱいだったはずです。修練の中で**常にこのマントラを唱えることで、もともと持っていたニコニコ細胞へと変化させる力がある**のだと思います。

すると、**幼いころに既に持っていた「あらゆる感情がそのままあってOK」「あるがままの自分でOK」という状態が訪れるようになっていく**のです。

道教の世界では、大人になってから再び子供のころの意識を取り戻すことが悟りの境地として、修練をしている流派もあるそうです。

体のほとんどの細胞の中には、同じDNAが存在しています。

つまりDNAに働きかけるこのマントラを使うことによって、全身の60兆個の細胞へ一気に働きかけて修練し続けているのと同じ状態になるのです。

「体内の細胞」という物質化したアンテナを、60兆個も同時にニコニコ細胞へと変化させることができるので、とても高い効果が期待できるのです。

さて、なぜ子供の状態になることが悟りの境地とされるのだと思いますか?

子供は無邪気と言われるように、ニコニコ細胞がいっぱいで血液の流れがとってもよい状態です。

血液の流れと気の流れはつながっているので、血液の流れがよい状態は気の流れもよいのです。

つまり子供のころのそのような状態は、滞っている邪気が無い状態、つまり無邪気の状態なのです。

大人になってしまった体を、再び小さな子どもの体に戻すことは不可能ですが（笑）、**気の流れを活性化することで、子供時代のニコニコ細胞だらけのときと同じ気の流れにすることで、無邪気の状態がやってきて、本来の気の流れ、素のままの気質が目覚めてくる**のだと思います。

無邪気になると、素のままの気質が目覚めると書いたように、邪気がなくなると、実は素のままの自分自身、あるがままの自分自身でいられるようになるのです。

道教の多くの修練法では、エネルギー伝達を行います。

それは、その修練法の核となる重要な波動を、その修練法を体得した人が、修練している人へエネルギー伝達することで、修練効果が大きく高まるからです。

たいっち♪も本来、直接入門コースを受けていただき、このエネルギー伝達を受けることでより高い効果を得られるものなのですが、なかなかコースを受けられない人も多いことから、**本を読むだけでもできるだけ高い効果で修練できるようにこの本を書いています**ので、本を読んで実践するだけでも効果が得られると思います。

◎十字真言を使う修練のメリット

①十字真言は肉体の60兆個の細胞へ一気に働きかけることができる

60兆個の細胞には、基本的に同じＤＮＡが入っているので、ＤＮＡに直接働きかける十字真言を使うと、普通の気功のように臓器や経絡を整えるだけでなく、**60兆個の細胞全体の陰陽のバランスを取ってくれます。**

普通の気功のレベルでは働きかけることができないレベルまで、楽して働きかけることができるのです。

②あるがままの自然体を促進してくれる

十字真言は、「人間そのもの」の波動とも、とらえることができます。

つまり十字真言を使うことで、人間の持っているすべての感情や性質を「あるがままでOKなんだ！」というように受け止めることができるようになっていきます。

「あるがままでOK」と、自分自身に繰り返し言ってあげても、顕在意識で「あるがままの自分が嫌い」と思っている以上、自分に繰り返し言えば言うほど、辛くなってしまいます。

しかし、**十字真言はマントラとして暗号化されているため、顕在意識のこうした抵抗を飛び越えて、潜在意識に直接働きかけることができる**のです。

笑顔で修練する♪

これは、たいっち♪において最も重要なポイントの一つです。

修練をしているときは、全身の気の流れがよい状態になっています♪

その状態で笑顔をつくると、自然な笑顔がつくれるようになるという効果があるのです。

幸せを引き寄せるには、笑顔はとってもとっても大事なカギになります。

笑顔が自然に出やすい体をつくることで、鏡の現実世界でも笑顔に沢山出会える人生になっていくのです。

また、笑顔をつくるだけでも、実は気の流れがすごくよくなるのです♪

笑顔で修練すると、真顔で修練するのと比べて、何十倍も効果の差があると思います♪

嫌な人の前でつくり笑顔をするのは体によくありませんが、一人で家で修練しているときに笑顔で行うのは、体にとって沢山の良い効果をもたらすのです。

ぜひ、笑顔を忘れずに修練してみてください。

エンジェルたいっち♪の修練法

たいっち♪の修練法は大きく分けると、静功、動功、按摩功《あんまこう》の三つがあります。

静功は静かに気を蓄える陰の功法、動功は動くことで気を流す陽の功法、按摩功は自分の気で自分の陰陽の気のバランスを取る陰陽統合の功法です。

三つの功法をバランスよく行うのが望ましいのですが、忙しい現代人にとって、三つの功法をすべてやるのはなかなか難しいと思います。

そこで、お勧めは、**陰である静功、陽である動功の二つの功法を主に修練していく方法**です。

僕自身、この方法で今の状態になりました。

なので、本書では按摩功の説明は省略させていただきます。

また、**本書では、本を読むだけでも簡単に、できるだけ短い時間で実践できる部分をお伝えしていきます。**

なぜなら、修練法のすべての内容を書くと膨大な量になってしまいますし、すべての修練法の内容を書いたとしても、残念ながら文章を読んだだけで実践するのは難しいからです。

誰かが実際に指導してくれなければ、すべての功法を実践することはできないと思うからです。
本格的に、とことん「Angel Hiroの楽道の世界」を学びたい方は、たいっち♪入門コースを受講してください（笑）
直接習い、誘導CDを使うことで、すべての修練法を楽に実践できるようになるでしょう（笑）
しかし、**この本には、この本でしか得られない特別な情報を満載にしてあります。**
なので、**この本の理論を理解した上で、毎日10分続けるだけでも、かなりの効果が期待できるように仕上げています。**
なので、コースを受けられないから本来の効果が得られないと思わないでください。
本当にこの本に書かれているエッセンスを深く理解してもらえたら、毎日10分間の修練がすばらしく大きな効果を生み出すと思います♪

◎修練を行う前の準備

リラックスできる服装で行うのが望ましいです。

靴下は、脱いで行うのが望ましいです（湧泉を開き邪気を出しやすくする）。

アクセサリーなど、**身につけている貴金属や天然石は外して**から、修練を行ってください。

室内で行う場合は、気の流れのよい環境で修練するのが望ましいです。

つまり、**風通しをよくして行うか、お香を焚いて修練すると効果が高まります**（自分から出た邪気は部屋に停滞するので、換気するか、お香を焚くことで邪気を浄化することが大切）。

◎竅穴《きょうけつ》と功訣《こうけつ》

修練法で大事なのは、竅穴を作っていくことです。

竅穴は、功訣を繰り返し唱え続けることで作られていきます。

それでは、竅穴と功訣についてお話していきます。

・竅穴とは？

竅穴は、全身の細胞と気でつながっている一点の気の基地です。

竅穴という一点が全身の細胞とつながっているので、竅穴の気を動かせば、全身のすべての細胞の気を動かすことができる基地なのです。

たった一点の竅穴を修練しているだけなのに、全身の気のバランスが取れていくという、とても便利な気の基地です。

本書では、**下丹田《しもたんでん》という竅穴をつくっていくことで、たいっち♪で伝えたい「一つがすべてとつながっていて、すべては一つとつながっている♪」というワンネスの世界観を、修練を通して体に根付かせる**ことを目指していきます♪

一点がすべてとつながっていて、すべてが一点とつながっている。

竅穴という気の基地をつくることで、ワンネスの感覚が内側から自然に目覚めやすい状態になっていくのです。

頭で知識として「すべてがつながっている」のヅラを被るのではなく（笑）、体に「す

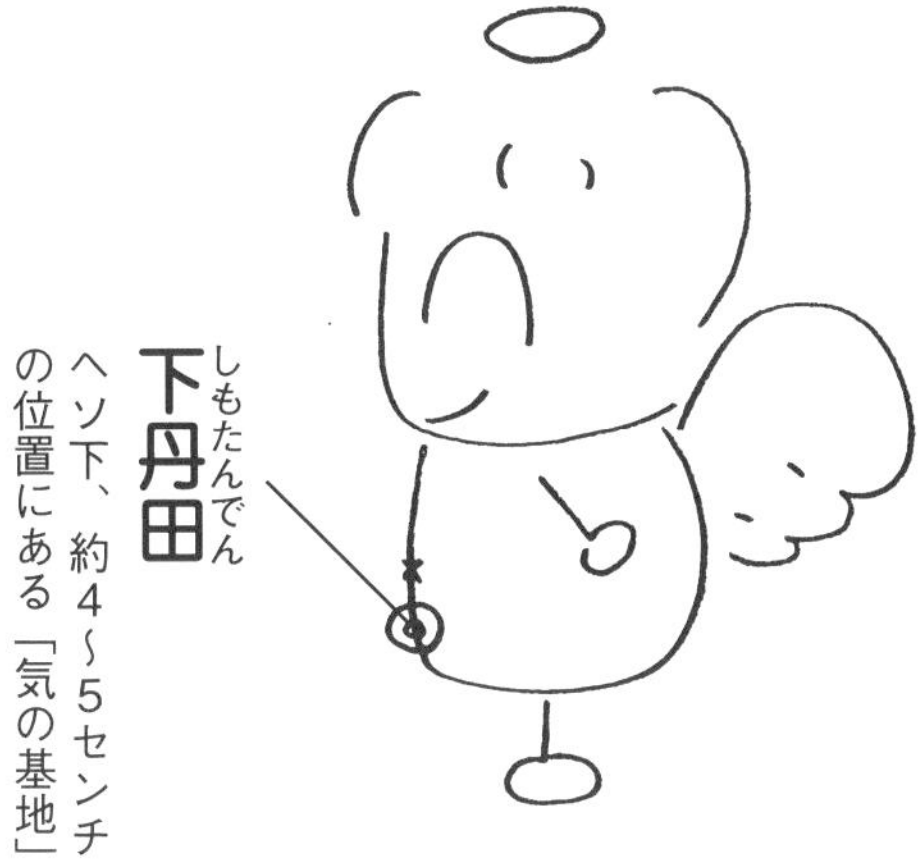

べてがつながっている」という感覚を感じやすくしていくのです♪

・功訣とは？

功訣とは、竅穴の完成した状態の波動を持つマントラのことで、各竅穴にはそれぞれ特定の功訣があります。

竅穴をつくっていく際に、既に完成した竅穴の波動を用いることで、「既に完成している」つまり、すでに足りているという、幸せ理論の実践ができるのです。

「もう幸せ」という、「今ここ」にある幸せを感じることが、幸せになる方法であるとお伝えしたように、**竅穴をつくるときに「既に竅穴が完成している」という波動を暗号**

化した「功訣」を唱えることで、竅穴を完成させるのに最短かつ最適な修練法になっているのです。

「積み重ねて修練してこそ完成するもの!」というような「完成形を追いかけ続ける修練法」ではなく、「既に完成しているという波動」である功訣を知り、それを唱えることで、「既に完璧である状態を高めていく修練法」となるため、修練の効果を最大限に高めることができるのです。

「自分が苦労して学んだのだから、後に続く人も苦労して学ぶべき」みたいな古い職人意識ではなく、自分が苦労した中から得た近道、楽な道を、後に続く人にわかりやすく伝えることで、後から来る人がもっと先に進めるように手助けしてくれるのが功訣なのです。

本当に、楽な方法に出会えたことに感謝の気持ちでいっぱいです。

修練を適当にやり続けているのに、**この功訣のおかげで、僕のようにいい加減な人でも、今のような効果を得ることができている**のです。

本当に素晴らしい修練法です。

功訣の意味の詳細を考える必要はありませんので、とにかくお気楽に繰り返し唱えて覚

えてください。

「楽しんで体に良い体操をするんだ！」という気持ちをもって、「楽しみながら、この方法でやったら気が整うんだろうなぁ〜♪」と、気軽な気持ちで行うことが大事です。軽い気持ちになると、軽い気になり、流れのよい気があふれるようになるのです。なので、この本では、出来るだけ功法をシンプルにとらえて、軽い気持ちで修練できるように、必要な情報だけをお伝えしていきます♪

・下丹田の功訣

撼山填海《かんざんてんかい》　平波浪《へいはろう》
金津玉液《きんしんぎょくえき》　長霊苗《ちょうれいびょう》
了死却生《りょうしきゃくせい》　長生路《ちょうせいろ》
陰陽交合《いんようこうごう》　楽逍遥《らくしょうよう》
唵《あん》、噤《じん》、咪《みぃ》、噼《ぴぃ》、嗾《じぃ》、叭《ぱー》、啞《やー》、嚫《いん》、吪《ふぉあ》、啶《でぃん》

◎静功とは

静功は、功訣というマントラを唱えることで、竅穴という気の基地をつくりあげていく功法です。

竅穴をつくることで、気を蓄えるダムができて、いつもエネルギーが内側からあふれるようになってきます。

また、ただ静かに体をくつろがせることで「すべてがつながっている」という感覚を全身で感じやすい状態に高めていくことができます。

この感覚が高まることで、日常生活の中の一瞬の穏やかな時間の中にも、「今ここ」にある幸せを感じやすくなり、幸せ理論の幸能力が高まっていくのです。

◎静功の姿勢

基本的に座って行います。

どうしても体調が悪いときや病気の人は、寝転がって行うことも可能ですが、座って修練する方が修練効果が高くなります。

床に座る場合は、あぐらで楽に座りますが、必ず座布団をおしりの下に敷き、足は座布団には乗せないことが大事です。普通のあぐらでも問題ありませんが、慣れてきたら片足をももの上に乗せて座るのもよいです。

椅子に座って行う場合は、足を肩幅に平行に開いて、椅子に浅く腰かけて座ります。厳密な座り方にこだわる必要はありませんが、座った時に**背筋が自然にまっすぐ**になる座り方が望ましいです。

あごは軽く引いて、肛門を軽く引き締め、舌を上あごにつけるようにして、軽く目を閉じます。

静功は必ず目を閉じて行うことが大事です。

女性の場合、右手を下丹田の前に置いて、その上に左手を重ね、その状態で手の平を上向きにします。つまり、手の平を上向きにしたとき、右手が左手の上に乗っている状態です（男性は左右の手を逆にします）。

◎静功のやり方

この本では、静功は下丹田の竅穴を修練する方法のみをお伝えします。

①まずは静功の姿勢を取ります。

そして、心の中で、「湧泉・百会・労宮を開いて、天地人がつながった」と思います。

自分のエネルギーは思考するだけで瞬間的に動くものなので、ツボを開くのはとっても簡単で、ただ心の中で「開いた！」と思うだけでよいのです。

宇宙を天、地、人という三つの世界ととらえて、人の体にある三つの重要なツボをこの三つとつなげて修練することで、人体と宇宙をつなぐ修練をすることになります。

②上丹田と呼ばれる額の表面に意識を集中し、「上丹田に心を置いた♪」と思います♪

この部分は深く考えずに、そう思って行ってください（笑）

③その意識を任脈（体の前側の中心線）に沿って、下丹田へ降ろし、唾液を下丹田に飲み

静功《せいこう》
気を蓄えるダムを作り、エネルギーが内側にあふれるようにしていく功法（手の平を上向きにしたとき、女性は右手が上、男性は左手が上になる）。

込みます♪

唾液は実際には胃に飲み込むのですが、心の中では「下丹田に飲み込んだ！」と思って飲み込んでください。

ここも深く考えずに、そう思ってください（笑）

④そして、下丹田の功訣を唱え続けます♪

（撼山填海《かんざんてんかい》、平波浪《へいはろう》……嗯《いん》、吡《ふぉあ》、啶《でぃん》までを何度も繰り返し唱える）

功訣を覚えるまでは、本に書いてある功訣を目を開けたまま読むようにして行ってもよいです。いずれは暗記して、目を閉じて心の中で唱えてください。

唱え方は、必ず黙念《もくねん》で行うこと。つまり心の中で唱え、声には出しません。

そして、次のA～CどれでもOKですが、慣れてきたらAのやり方で修練するのが最も効果が高いです。

A．上丹田から、下丹田へ功訣を唱え降ろすような感じで行なう（こちらを推奨します）。

B．下丹田を意識して行う（Aのやり方で行うと頭が痛くなったりイライラする人は、これで行ってください）。

C．ただ功訣を黙念する（どうしても集中できないときは、この方法でもよいです）。

修練中に唾液が出てきたら、下丹田へと飲み込みます（唾液は、とても大切なエネルギーです♪）。

呼吸は特に意識せず、自然なままで大丈夫です。

これを5分～10分程度行うとよいと思います♪

☆静功を終えるときに行う収功

収功は、気を収めることで修練の効果をしっかりと体に根付かせるものなので、とても重要です。

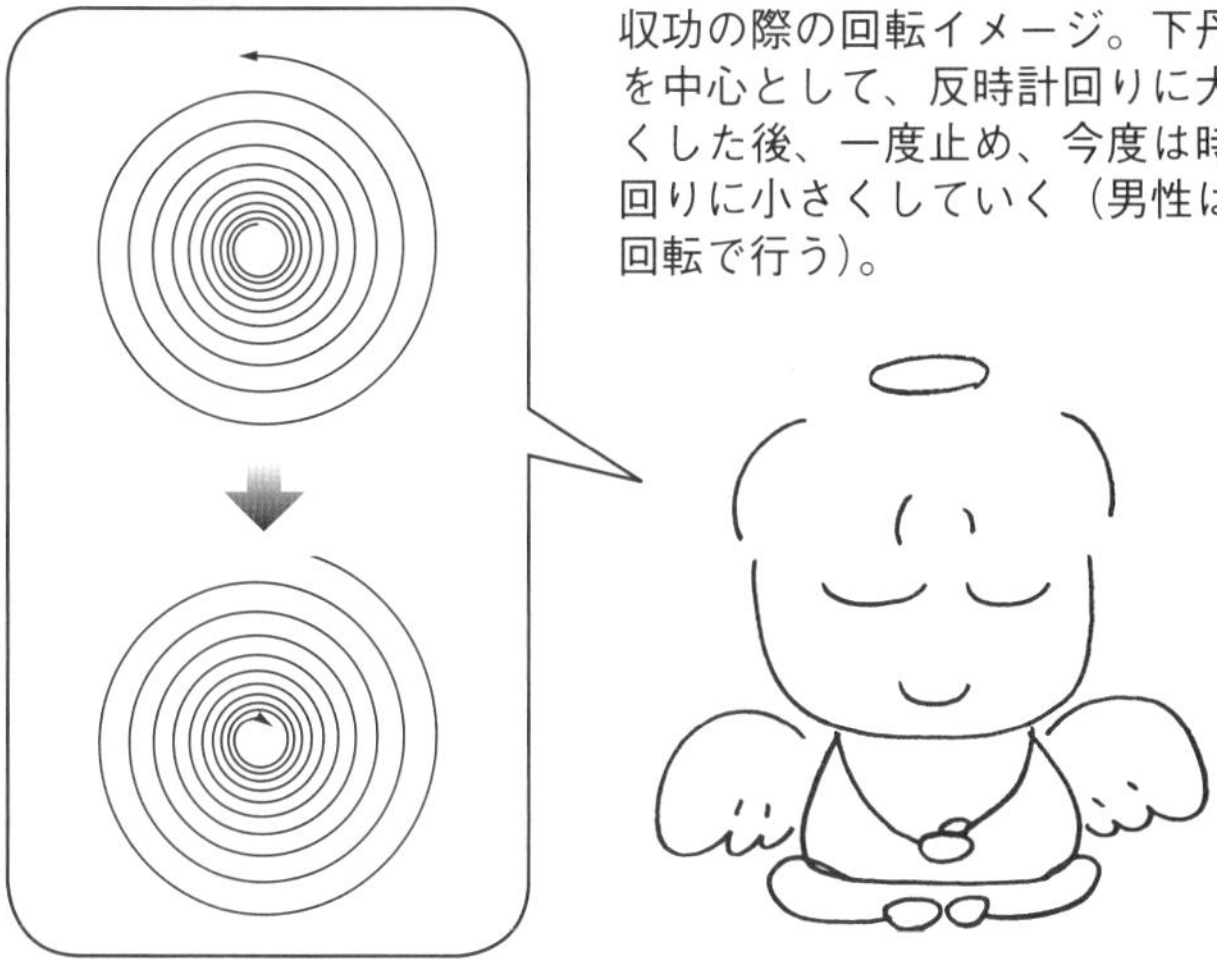

収功の際の回転イメージ。下丹田を中心として、反時計回りに大きくした後、一度止め、今度は時計回りに小さくしていく（男性は逆回転で行う）。

①歯をカチカチと鳴らしながら、心の中で十字真言を唱えます（唵《あん》、噤《じん》、咪《みぃ》……と数回）。

②唾液を口の中で混ぜ合わせます。

③その唾液を3回に分けて下丹田へと飲み込みます。

この時、1回飲み込むごとに、生殖器を引き上げるようにして、「生殖器から宇宙の元気を吸い込む！」と思って息を吸います。

以上を3回行います。

④次に、下丹田の一点に気を集中して、その気を外側から見て時計と反対回りに円を大

きくしていきながら、9回まわして一度止めます（男性は逆回転で行います。実際に手は動かさず、イメージの中で回転させます）。

⑤今度は、逆回転（時計回り）で円を小さくしていきながら9回まわして（男性は逆回転で行います）、再び下丹田 の一点に気を集めます。

⑥下丹田に両手を重ねて置いて、「下丹田に収めた」と思って、両手を下丹田にグッと押し当てます。

⑦手をこすって、両手の平で目を覆って、ゆっくりと目を開けます♪

⑧両手を下丹田に重ねて置いて、もう一度「下丹田に収めた」と思って、両手を下丹田にグッと押し当てます。

以上が静功の修練の全体の流れです。

ところどころで、これはどういう意味があるのか気になる人もいるかもしれませんが、特に意味は考えずに実践してください。

とにかく、このやり方で実践することが、竅穴をつくり修練の効果を引き上げる方法なのです。

流れを全部を覚えるまでは、目を開けて、このテキストを見ながら実践してください。

◎動功とは

動功は、気を全身へと流していく修練法です。

全身に流れる気を活性化することで、体内のバランスを整え、調整していく作用があります。

また、動きの中で「すべてがつながっている」という感覚を全身で感じやすい状態に高めていくことができます。

この感覚が高まることで、日常生活で動き続けている中でも、「今ここ」にある幸せを感じやすくなり、幸せ理論の「幸能力」が高まっていくのです。

◎動功の姿勢

足は肩幅に平行に開いて立ち、膝を軽くゆるめます。
背筋を起こし、軽くあごを引き、肛門を軽く引き締め、舌を上あごにつけます。

全身は、リラックスです。
目は、必ず開けたままの状態で行います♪
目線は、まっすぐ水平を保つようにする。笑顔も忘れずに（笑）
呼吸は、すべて自然に任せて行い、無理に息を止めたり、長くしたりしない。

◎動功のやり方

①下丹田に功訣を唱えます（撼山填海《かんざんてんかい》、平波浪《へいはろう》……嗯《いん》、吪《ふぉあ》、啶《でぃん》まで1回のみ）。
その際は、額の前側の上丹田から、下丹田に唱え降ろすように功訣を唱えます。

②唾液を下丹田に飲み込みます。

③下丹田に軽く意識を置き続け、十字真言を心の中で唱えながら功法を行ないます。動きは次頁の図を参照してください。

④自分が心地よい回数を行ってください。時間があれば、5分以上行えると効果的です。

⑤収功は、下丹田に唾液を飲み込んで、「下丹田に収めた！」と思って下丹田に両手を押しつけます。

両手を下丹田に重ねるときには、女性は必ず右手を置いてから、その上に左手を重ねます（男性は逆で、左手を置いてから右手を置きます）。

動功《どうこう》

気を全身へと流していく修練法。全身の気を活性化させ、体内のバランスを整える作用がある。ここでは、「第一式・陽導陰長」を公開。

1.
唵《あん》

2.
噤《じん》

3.
咪《みぃ》

4.
嚭《ぴー》

5.
唉《じぃ》

6.
叭《ぱー》

7.
呀《やー》

8.
嗯《いん》

9.
吪《ふぉあ》

10.
啶《でぃん》

女性は右手の上に
左手を重ねる
(男性は逆)

◎動功の効能と注意事項

☆第一式の効能

指と手の平がしびれて熱くなり、全身も熱くなります。

百会・労宮・湧泉・下丹田に、躍動感があったり熱くなったりします。

労宮から、お花のような香りが出るようになります（男性は左手、女性は右手）。

足が地に根を張り、頭が天をつくような、壮大な気持ちになります。

古いものを吐き出し、新しいものを取り入れる作用があります。

肺臓と心臓の疾患の改善に効果があります。咳、喘息、風邪など。肩凝り改善にも可能性があるそうです♪

☆注意事項

高血圧や冠状動脈、心臓病、重度喘息を持つ人が、この式を修練するときは、両手を肩より上にあげたときには、全身をリラックスさせます。逆に両腕をおろすときは、力を入れて労宮から邪気を吐き出すようにイメージします。

Chapter 6 幸せの波動を広げよう♪

体で覚えたことは忘れない♪

ここからは、たいっち♪を実践し続けることが、どれだけお得なのかということを詳しくお話していきたいと思います♪（笑）

せっかく、たいっち♪に興味を持っても、この本の理論や情報を頭で理解しただけでは、この本で伝えたいことを本当の意味で理解し、体現することはできません。

頭で知っているだけの人と、体で体得した人ではまったく別世界が見えてくるのです。

「人生」とは、人間がもつ「人」体という乗り物に乗って「生」きるということだと思います。

幸せな人生を生きるためには、乗り物である「人体」すなわち「体」を幸せに乗りこなすことが大切なのです。

「体」を幸せに乗りこなして生きることができれば、人生は幸せなものになると思います。

かつての僕は、「体」を不幸に乗りこなすことしかできませんでした（笑）

僕たちが人間という「体」に生まれるのには、何の目的があるのでしょうか？

目的などないのかもしれませんが（笑）

あえて、楽しい想像をふくらませて考えるなら。。。

これは僕の仮説ですが、体を持って生まれる根本的な目的は、「『今ここ』にある幸せを感じる」これではないかと思っています。

理由は、「臓器と心理活動の関係」の項で書いたように、心臓が喜びとつながっていているからです。

体が生き生きとして全身の血液の流れがよくなれば、心臓の喜びの波動が体全体に広がって、幸せを感じられるようになるからです。

子供たちは、大人に比べると血液の流れがとてもよいため、心臓の喜びの波動が全身に行き届いています。

そのため小さい子供ほど、ニコニコしている姿をよく見かけます。

雪が降って寒い日でも笑顔で歩いていたりします。

大人になっていくにしたがって、沢山の思い込みやこだわりのヅラをかぶり、プンプン細胞が増えていくことによって、僕らは本来の目的を見失ってしまったのかもしれません。

ある道教の宗派では、

「悟りとは、大人になってから子供心を取り戻すことです」

と言っています。

心の世界の到達点は、悟りだと言われています。

でも、悟りが「子供心を取り戻すこと」だとすると、悟りは目指して到達するものではなく、実は、もともと自分の中に存在する素直な自分を思い出すことなのではないでしょうか。

たいっち♪の修練を続けることで、全身の気の巡りがよくなり、ニコニコ細胞でいっぱいになれば、心臓の喜びの波動は全身に行きわたり、喜びの波動が全身からあふれるようになるのです。

そのような喜びいっぱいの状態になるためには、**実際にたいっち♪を実践して、体を物理的に活性化することが必要不可欠**です。

ここまで読んできたたいっち♪の幸せ理論を、頭でわかったつもりになっているだけの人は、この本で本当に伝えたいことを体験することはできないと思います。

本を読んだりセミナーに繰り返し出て知識や情報を得るだけでは、幸せになるのは難しいのです。

それは、人生をつくる基盤である「体」にちゃんと乗る方法を「実践」せずに、「体」に乗る方法の「知識や情報だけを集める作業」をしているようなものだからです。

例えば……

自転車という乗り物に乗って、楽しい旅をすることが目的だとします。

しかし、自転車の乗り方の本を読んだり、自転車に乗る方法を聞くだけの講習会に出たりして、自転車に乗るための知識や情報だけをいくら集めても、実際に乗れるようにはなりません。

かならず、自転車に乗るという実践を繰り返し、「体」で覚える必要があるのです。

僕たちは、今までの人生で自分の「体」の乗り方を自然に覚えてしまいました。

その覚えた乗り方が、そのまま自分の人生になっているのです。

今の人生が超――幸せであるなら、今のままの乗り方でよいと思いますが、

「今は幸せをあまり感じられない、だから幸せな人生に切り替えたい！」

と思っているのでしたら、幸せになるための知識や情報ばかり集めているだけではなかな

か変われません。

そして、既に書いてきたように、思考だけに働きかける方法では必ず早い段階で限界が来ると思います（笑）

頭で新しい方法を覚えても、実践し続けなければ、いずれは忘れてしまうものです。

しかも、残念ながら**頭で覚えた知識や情報は思ったよりも記憶されない**のです。

例えば、みなさんに中学校レベルの歴史のテストをやってもらったら、その結果はあきらかだと思います。

よっぽど歴史が好きな人なら別ですが、おそらく良い点数を取れる人はいないと思います。

もしかしたら、歴史は大河ドラマなどで思い出す機会があるので、まだ点数が取れるかもしれませんが、もし、中学校の理科のテストなどを出したら、おそらくもっと酷い結果になると思います（笑）

多くの人が小学校、中学校、高校、大学と10年以上もかけて通い続け、こうした**知識を集めるタイプの勉強に莫大な時間を費やしてきたと思います。**

それだけ時間をかけて頭に入れてきた知識なのに、大人になってからテストをしたら多くの人がたいした点数を取れないのです。
頭で覚えただけの知識は、残念ながら、その程度の力なのです（笑）
あえて否定的に書いてみましたが、ヅラずれましたか？（笑）

なので、この本を読んで、**たいっち♪の情報だけを知識として得た人は、数年たったら「この部分は良かった！」と思ったこともすっかり忘れていることと思います（笑）**

僕自身、

「幸せになる方法を頭で理解すればいつか幸せになれるはず！」

と思って、セミナーに出たり、本を読んだりすることで頭に知識を詰め込んでいました。

しかし、そんな知識も、時間が経つとだんだん詳細の内容は思い出せなくなっていき、二度と読まないかもしれないのに、「記念にとっておこう♪」と思って、似たようなハウツー本を本棚に並べ続けていたのです。

僕の経験からは、**頭で覚えただけの、幸せになるための知識を増やすだけでは、あまり現実に大きな変化がありませんでした。**

それでは、体で覚えた情報はどうでしょうか？


再び自転車の話に戻ります。

子供の頃に自転車に乗る練習を繰り返し実践して、自転車に乗れるようになったとします。

大人になって自転車に乗る機会がなくなり、10年以上乗らなかったとします。

そんなある日、「自転車に乗ってください！」と言われたら、たぶん自然に乗れると思います。

実際この話をしたときに、ある生徒さんが、

「私は、10年以上自転車に乗っていなかったのに、この間自転車に乗ったら自然に昔のように乗れました。Eiroさんのお話のとおりです」

と言っていました。

学生時代に頭で覚えた知識や情報は、10年経ったらすっかり忘れていました（笑）

本やセミナーで学んだ幸せ法則も、その場では頭で理解したとしても、**体で理解したものではないため、「わかってはいるけど現実は変わらない」という体験をし続けてしまう**のです。

かつての僕のように。。（笑）

しかし、**体で覚えてしまったことは、簡単には忘れないのです！**

もしも自転車に乗る方法を「詳細な知識として頭で覚えておく」としたら、ものすごく大変なことです。

自転車に乗るために必要な手足の動かし方、筋肉の使い方、ペダルをこぐタイミングの取り方などなど、自転車に乗るための方法を頭だけで現実化しようとしたら膨大な知識を覚えておくことが必要です。

しかし、自転車に乗れるようになった人は、**自転車に乗るためのこうした膨大な知識を頭で覚えてはいないのに、体で覚えたことによって簡単に乗ることができる**のです。

この自転車の例のように、体で覚えたことはなかなか忘れないいし、それは現実世界に大きな影響を及ぼします。

そして、体で覚えてしまったら一生懸命思考を使って「うまくいくはず！」「やればできる！」など**プラス思考などしなくても、自然に自転車に乗れるのです（笑）**

自転車に乗れるようになった人が思考を現実化させようとして、「自分は乗れる！　乗れ

るんだ！」と心で繰り返し唱えながら乗り続けている人はいないと思います（笑）

人生も同じだと思います。

楽しい人生の流れに乗っている人は、まさに自分の「体」、つまり人間という乗り物を使って「幸せを感じる」という方法を体で覚えているのです。

逆に、かつての僕のように辛く苦しい人生の流れに乗ってしまった人は、「人生は辛くて苦しいものだと感じる」方法を「体」で覚えてしまったのです。

この体で覚えてしまった記憶が、人生に大きな影響を及ぼすのです。

「体」の目的を知る

僕は学生時代、スキーのインストラクターをしていました。

スキーというスポーツは、宇宙の法則を上手に使うことで楽しむスポーツです。

ここでいう宇宙の法則とは、万有引力という宇宙の法則、つまり重力を利用するスポーツだということです。

なので、**実はスキーを教えながらも、たいっち♪で伝えたいことと同じことを伝えることも可能なのです（笑）**

余談ですが、エンジェル・スキーツアーというのを開催したことがあって、スキーを通してすべてがつながっているということを教えたこともありました（笑）

話は戻って、スキースクールに習いに来る人の中には、自己流の滑り方を繰り返すことでバランスの悪い「癖」を体で覚えてしまっている人がいます。

自己流で覚えてしまった滑り方を変えるのは、実はとっても難しいのです。

「幸せ」＝「心の安定と安心を得られたときの状態」

と定義することができると書いたように、実は、僕たちは日常の様々な行動の中でも幸せを感じようとしているのです。

それは、スキーをやっているときでも同じです。

バランスを取りながらスキーで滑るという状態は、スキーの上で安定・安心をつくり出す

ということです。

バランスを取れずに転び続けていたら、スキーをしても幸せを感じないと思います（笑）

幸せ理論に書いたように、「幸せとは心の安定・安心を感じること」なので、スキーの上で安定・安心を得ることで、スキーを楽しみ、幸せを感じることができるのです。

長い期間、自己流のやり方で滑り、バランスの悪い「癖」を体で覚えてしまった人は、その慣れてしまったバランス感覚から抜け出すことが難しいのです。

スキーに乗るための大事な基礎は、スキーの板の前でも後ろでもなく、板の中心に乗ることです。

この基礎を外して、沢山練習を繰り返しても、あまり上達することはできません。

バランスの悪い滑り方を体で覚えてしまうと、とても不自然な方法で滑り続けなくてはならなくなるのです。

スキーの板の性能をちゃんと生かして滑るためには、板の中心に乗る必要があります。

なぜなら、スキーの板は「板の中心に乗ることで自由に楽しく滑る」という目的を果たせるように設計されているからです。

板がもともと持っている目的から外れてしまって、バランスの悪い「癖」を持ったまま、

スキー板を乗りこなすための情報や知識を沢山得たとしても、スキーは一向に上達しないのです。

スキー板に乗ってスキーを楽しむためには、板の目的を知って、基礎を大切にした状態で乗ることがカギです。**同じように、「体」に乗って人生を楽しむためには、「体」の目的を知って、基礎を大切にした状態で「体」を乗りこなすことが大切**なのです。

ここで伝えたい「体」の目的とは、

「『今ここ』にある幸せを感じる」

これこそが「体」が持っている最も重要な目的なのです。

そして、この目的を達成するために大事な基礎は、**「体の気の巡りをよくする」**ことなのです。

「体」の気の巡りがよくなると、血液の巡りがよくなり、心臓の波動が全身へと伝わっていきます♪

すると、心臓が持つ喜びの波動が全身に満ちあふれ、「体」で「『今ここ』にある幸せを感じる」という目的が果たせるようになるのです♪

たいっち♪の修練をすると、60兆個の細胞を一気にニコニコ細胞に変えて、全身の気の流れをよくし、**心臓の喜びの波動を全身に広げることができる**のです。

「体」の目的を果たすための基礎を築きあげるツールとして、これほど効率のよい修練法はないと思います♪

体で覚えてしまった「癖」から抜け出す方法♪

僕はたいっち♪を修練し続けるなかで、スキーにおいて「体で覚えてしまった癖」から抜け出した体験を思い出し、人生においても「体で覚えてしまった癖」から抜け出す方法に気づいたのです。

実はかつての僕は、スキーの板の中心に乗るという基礎がまったくできていなかったのです。

そして、練習をただ繰り返し、単純に数をこなせばスポーツは必ずうまくなる！　と思っていました。

なので、スキー場に行くと、毎年ただ沢山滑ることだけを目標にしていました。

「沢山滑れば必ずうまくなるはず！」というヅラをかぶっていました。（笑）

しかし、沢山滑っても本質的な基礎を外していては、滑れば滑るほど自分の癖は強くなってしまうのです。

そして、スキーを楽しむことよりも、スキーが上達しないことに苛立ちを感じるようになってしまい、スキーそのものが楽しくなくなってしまったのです（笑）

大学時代にアルバイトでスキーのインストラクターをしたとき、インストラクターの学校で、

「おまえはスキーの板の中心に乗る基礎がまったくできていない！」とハッキリと言われ、愕然としました。

スキースクールのスタッフの人に、「この動きをやってみろ！」と言われたほとんどの動きができなかったのです。

その数々の動きは、**「スキー板の中心に乗る基礎」ができていないと実践することができない**ものでした。

長年かけて僕が身につけてしまった「スキーの板に乗る基礎」から外れた滑り方は本当に

やっかいで、その慣れてしまったやり方以外に「よりバランスが取れる方法がある」ということをいくら知識として伝えられても、繰り返し体で覚えてしまった「癖」が抵抗して、もとの慣れ親しんだやり方へ戻ってしまうのです。

スキーがうまくなる知識をいくら頭で理解したとしても、**体は自然に慣れ親しんだ「癖」を求めてしまうため、「わかっちゃいるけど、できない」という体験を繰り返した**のです。

本当に、やっかいです

「わかっちゃいるけど、できない！」（笑）

僕が沢山の本を読んだりセミナーに出たりして知識だけをいくら集めても、体で「人生とは辛くて苦しいものだ」という「癖」を覚え込んでしまっている間は、「ワクワクして楽しい人生を生きればいい」という情報を繰り返し聞いたとしても、「わかっちゃいるけど、できない！」という体験をし続けたのです。

また、同じようにスピリチュアルな本で、「あるがままのあなたでいい」「そのままの変わらないあなたでいい」という情報を得ても、自分のことが大嫌いだと思う気持ちを、繰り返し体で覚えてしまった僕にとっては、

「あるがままの自分でいいなんて思えない！」

と、ヤサグレていました（笑）

なので、たいっち♪の理論を頭で知るだけだったり、短期間実践するだけだったりでは、もとの慣れ親しんだ「幸せを感じにくい『癖』」へと戻っていってしまうのです。

スキーにおいて、体で覚えてしまった「癖」を修正するためには、緩やかな斜面で、基礎を繰り返し長い期間練習する必要があります。

なぜならば、急な斜面では恐れが伴うため、慣れ親しんだ「癖」から出ることが難しいからです。

また体で覚えてしまった「癖」を変えるには、それなりに時間がかかるのです。

思考が簡単に切り替わるように、体は簡単には切り替わってくれません。

新陳代謝を通して、少しずつ変化していくものだからです。

たいっち♪の実践も同じです。

僕が教える二日間のたいっち♪入門コースに出ることだけで、人生を大きく変えようと思って参加する人が時々いますが（笑）、**もっとも大事なのは、日常生活でたいっち♪の**

実践を繰り返すことなのです。

このことの重要性を理解しなければ、きっと、このたいっち♪の本も、他のハウツー本と変わらない1冊として、あなたの本棚に並ぶことでしょう（笑）

日常でたいっち♪を実践し続けること♪

これが、まさに体で覚えてしまった「癖」を修正し、「体の気の巡りをよくする」という基礎をしっかりと身につけることになるのです。

このように体で覚えてしまった「癖」から抜け出すためには、知識をつけることよりも、基礎をしっかりと身につける実践法が大事なのです。

自転車に乗れない人が「自転車に乗って快適に海まで行こう」という目的を持ったのにもかかわらず、**実際に自転車に乗る実践はせずに、自転車に乗るためのマニュアル本を沢山買い集め、沢山の知識を身につけても乗れるようにはなりませんよね。**

それは、「いつか完璧な乗り方を思考で理解したら、自転車に乗って海に行こう！」（笑）と実践を何もせずに沢山の自転車マニュアルのヅラをかぶりまくっているようなものです（笑）

かつての僕は、ヅラを集めることで安心しようと頑張っていました。（笑）

「『今ここ』にある幸せを感じる」ことができないのに、幸せに生きるためのハウツー本を沢山読み続けているだけでは、本当の幸せを引き寄せるのは難しかったのです。

ハウツーが生きるのは、基礎があってこそだったのです。

そもそも自転車に乗る基礎ができていないのに、自転車で宙返りをする高度なハウツーを学んでも、何の役にも立たないですよね（笑）

かつての僕自身は、自分の「体」にとって大切な基礎である「体の気の巡りをよくする」ことを無視していました。

プンプン細胞いっぱいで辛くて仕方ない状態なのに、一生懸命、「思考を変えて夢を叶えるためのヅラ」や「過去を癒すことで現実を変えるためのヅラ」を沢山頭にかぶり続けていました。

僕は、**「体」につけているプンプン細胞のアンテナを変化させるまでは、どんな本と出会っても、どんな人と出会っても、それほど人生は大きく変化しませんでした。**

いくらいい話を聞いたとしても、それを活用しなければ、新たなお気に入りのヅラを増や

すだけなのです（笑）
幸せになるためのよりよい情報を求めて、セミナーに出まくったり本を読み続けたりしてヅラを増やす行動は、あなたがヅラを集めることで心から幸せを感じることができる「ヅラ・オタク」であるならばよいですが（笑）
本当はヅラを集めたいのではなく、「幸せを感じたいんだ」と気づいた方は、たいっち♪を実践してみてください。

ヅラ人生から、ぴょん吉人生へ♪（笑）

思考を活用して人生をコントロールしようとする生き方を「ヅラ人生」と呼びます（笑）
それはそれで、楽しいかもしれません（笑）
しかし、自分が、**頭で良いと思っている現実を引き寄せても、幸せを感じられるかどうかはまったく別のお話**だということは基礎理論でお話しました♪

思考で思い通りに引き寄せる人生が、はたして本当に幸せな人生なのでしょうか？

ワクワクする感覚を感じることをせずに、思考で思い通りに現実を引き寄せても、思い通りの現実が引き寄せられたのに幸せを感じられない人もいると思います。

例えば、理想の彼氏を思考で思い描いていて、その理想通りの彼氏と付き合い始めたものの、一緒にいても幸せを感じられない人もいます。

また、お金を沢山手に入れることが幸せになることだと思って、思い通りにお金が入って大金持ちになっても、いつも孤独感にさいなまれて幸せを感じられない人もいます。


そもそも、夢に向かって頑張って、夢を現実に引き寄せられた人は幸せで、引き寄せられなかった人は負け犬なのでしょうか？

すべての人が、幸せになれる可能性があると思います。

夢が叶えられなかった人も、負け犬ではなかったのです。

すべてがつながっている♪というパズルをひも解いたとき、夢が叶えられなかったからこそ見えてくる素晴らしい何かが存在するのです。

世界には貧困で苦しむ国が沢山あって、明日を生きることだけでも大変な人々が沢山います。

それに比べて、かつての僕は、日本という素晴らしく平和で安全で幸せを体験できる場所にいるのに、「自分は誰よりも不幸なんだ!」というヅラをかぶっていました。

そして、「過去を癒せば今が癒されるハズ」(笑)というヅラをかぶっていたので、その思考通りの現実を繰り返し引き寄せ続けて、辛い過去ばかり思い出し、ますます今を生きられなくなってしまった時期もありました。

今を生きることよりも、過去を癒すことの方が大事になってしまって、本当に苦しかった時期もありました。

しかし、**そんな幸せを感じられないループに入ってしまった自分も、実は本当に大切な自分の一部だった**のです。

なぜなら、そのようなヅラをかぶっていなければ、たいっち♪をずっと長く継続し続けよう!という思いも湧いてこなかったと思いますし、今の自分の状態に到達することは到底できなかったと思うからです。

辛い経験や弱かった体も、そして、すべてのヅラ・コレクションも、僕の大切な一部だったのです。

全部が僕の大事な宝物だったのです。

そして、**そのヅラ・コレクションを頭につけまくって重くて苦しかったからこそ、ヅラを外して楽しく楽に生きる「楽道」の世界の素晴らしさを、深く理解することができた**のです。

僕は、ヅラを脱いで自分のワクワクする喜びの感覚に従って生きる人生を「ぴょん吉人生」と呼んでいます（笑）

ぴょん吉とは、「ど根性ガエル」というアニメに出てくる「ひろし」という主人公のTシャツに入ってしまったカエルの名前です。

「ひろし」はガールフレンドと喧嘩して「絶対に自分から謝らない！」と頭で決めていても、Tシャツにいるぴょん吉が「ひろし謝れ！」とか言って、体ごとガールフレンドに会わせにいって、仲直りさせてしまうのです（笑）

「ひろし」の人生は自分の頭で人生をコントロールするのではなく、Tシャツに入ったぴょん吉に体をコントロールされてしまうのです。

このぴょん吉が導いてくれるように、たいっち♪をして気の巡りがよくなり、血液の巡りがよくなると、心臓の喜びの波動が全身に広がり、ワクワクする気持ちが湧き上がってきます。

そのワクワクする感覚が、人生を導いてくれるようになっていくのです。

この感覚こそが「内なるぴょん吉（笑）」なのです。

体のニコニコ細胞を活性化させて、ワクワクする感覚に任せる人生は、ぴょん吉に振り回される「ひろし」の人生にちょっとだけ似ているので、ぴょん吉人生と名づけました（笑）

ワクワクする感覚に導かれるのですから、振り回される「ひろし」の人生とはちょっと違いますかね？（笑）

でも、なんか「ぴょん吉人生♪」って可愛いフレーズなので、名づけてみました（笑）

それに比べて、かつての僕は、「ワクワクすることが大事」という情報を聞いたとき、「ワクワクさえできれば大丈夫なはず」というヅラをかぶって「ワクワク・ヅラ人生」にハマったときもありました。

でも、「ワクワクすることが大事」だと頭で知識として知っていても、現実世界でワクワクする体感が起こらなければ、ワクワクする現実を体験することはできなかったのです。

ワクワクするだけでうまくいくという情報を知ったのに、「ワクワクできない。。。」という

自分に落ち込みました（笑）

ワクワクするだけでうまくいくという本を読んで、頭の中の空想世界ではその理論は正しい♪と感じても、そのワクワクする感覚を現実世界で見つけることができないので、まるで絵に描いた餅のように思えました。

また、直感が大事だともよく言われますが、直感とは「『直』接」体が受け取る「『感』覚」をキャッチすることですよね。

かつての僕のようなプンプン細胞でいっぱいの状態だと、僕に訪れる直感は、プンプン細胞を直接感じることばかりだったので「あれはやめた方がいい」「あれはよくない」と分離感を感じる直感ばかりがやってきてしまっていました（笑）

しかし、たいっち♪を実践し続けた結果、ニコニコ細胞が沢山増えていったので、**ワクワクする直感が感じられるようになり、そのワクワクする直感が自然に楽しい現実をつくり出すようになりました。**

ワクワクする人生を創造するためにも、直感に従って楽しく人生を創造するためにも、たいっち♪を実践し続けることで目覚める「ぴょん吉人生」って、すっごく魅力的じゃない

ですか？（笑）

ツラを磨かず、体を磨こう♪（笑）

「あなたは、あるがままの自分でいい」

本やセミナーなどで、そのような情報を聞いたことがある人は多いと思います。

確かにそれは真実です。

しかし、いくら知識として「あるがままでいい、そのままでいい」という情報を知ったところで、本当に心からそう思えなければ、「あるがままの自分なんて愛することができない！」という葛藤を生み出してしまうのです。

もちろん、もともと、どこかで既に自分のことが好きだという感覚を体感できている人は、知識でそれを知ることだけでも、「あぁ～、やっぱりあるがままの自分でいいんだ」と思えるようになるかもしれません。

しかし、かつての僕のように、繰り返し失敗経験をし、そして、プンプン細胞でいっぱいのアンテナで嫌な現実ばかり見ている状況で、「あなたは、あるがままでいい、そのままでいいのですよ！」などとアドバイスされても、

「そんな風には、簡単に思えない！　あるがままの自分なんて好きになれない！」と頭にきてしまうことでしょう。

わかっちゃいるけど、そう思えないから、結果的には「あるがままの自分でいい！」と思うことができない自分を責めてしまうのです。

たいっち♪でお伝えしたい事の中にも、

「あなたは変わる必要がない！」ということが含まれています。

ただし、たいっち♪では、

「あなたは変わる必要はありませんが、幸せを感じることを体感したいなら、プンプン細胞をニコニコ細胞に変える努力は必要です♪」

とお伝えしています。

とっても楽しい可能性を秘めているので、僕はみなさんにお勧めしたいのです♪

自転車に乗って楽しむためには、自転車に乗るための努力は必要ですよね。

人生を「体」に乗って楽しむのに、「体」に楽しく乗るための努力はやはり大切なのです。

プロ野球のイチロー選手が、「そっか、あるがままでいいんだ！　練習する努力をやめよう！」と努力をやめてしまったら、野球の世界で幸せな現実を体験できなくなると思います。

その反面、「自分の思考を変える努力」は必要ありません。

プンプン細胞が引き寄せた「プンプンしてしまう現実」が見えるからこそ、プンプンした思考が生まれるのです。

「プンプンしてしまう現実」を見ながら思考を変える努力をし続けるのは「苦行」に近い方法だと思います（笑）

それこそ、かつての僕がやり続けていたことなのです（笑）

それよりも、**体をニコニコ細胞に変えてしまえば、思考を変えることをせずとも、「ニコニコしてしまう現実」が見えるようになるので、自然とニコニコした思考が湧いてくるようになるのです。**

そんな現実を見ていれば、「あるがままの自分でいいんだ。何も変わる必要なんてなかったんだ」と自然に思えるようになるのです。
思考を変える努力、つまりヅラを磨く努力をするよりも、体を磨く努力を始めてみませんか？（笑）

体に働きかけると、宇宙すべてと強力につながる♪

DNAは、宇宙の宝の結晶です♪

すべてがつながっている世界は、単に空想上の世界ではありません。スピリチュアルな世界だけの話でもありません。

今ここに自分の「体」が存在しているという事実は、宇宙が始まってから、元素達がぶつかり合い、星をつくり出し、そして太陽や地球を生み出し、さらには生命を生み出し、そして生命体がずっとつながり続けて進化し続け、そして人間という生命体が生まれてからも、一代も絶えることなく先祖の人々が生命をつなぎ、そして両親が出会ったことによっ

て起こっています。

その想像を絶するようなすべての奇跡がつながって、「今ここ」に私たちは存在しています。

つまり、信じる信じないに関わらず、私たちがここに存在していることは、この世界が全てつながっている証なのです。

私達の体を構成している60兆個の細胞核の中には、DNAが存在していますが、それこそが両親からもらった最大のプレゼントであり、おじいちゃんやおばあちゃん、先祖の方々、さらにはその生命を生み出した地球、そしてこの宇宙の奇跡の結晶なのです。

すべてが完璧だったから、私達は「今ここ」に存在しているという事実♪

僕が、病気で辛かったり、悩みを抱えたりしている間は、頭でその完璧さを理解するのはとても難しいことでした。

しかし、体内のDNAには、宇宙の始まりから今現在までの、すべてのつながりが刻まれています。

そのDNAに対して、たいっち♪で十字真言を唱え、DNAを心地よくさせる修練を続けることは、このDNAが宿っている「体」を大切にして、感謝の気持ちを行動で表すこと

になるのです。

自分と一緒にずっと存在し続けてくれている「体」に対して感謝をすると、本当に幸せな気持ちがあふれてきます♪

「『今ここ』に自分が存在できている」ということ、その素晴らしい奇跡に感謝の気持ちが生まれてくるのです

たいっち♪がDNAに働きかけるとは、僕自身信じていませんでしたが（笑）、体験談の中には、たいっち♪は本当にDNAに働いている！　と信じたくなってしまうような、おもしろい話が沢山あるのです♪

思考を使って自分の過去のトラウマを癒すことをしなくても、たいっち♪を実践し続けているだけで、親子関係が改善された体験談は数知れません。

ただ、たいっち♪しているだけで、何年もお父さんと会話をしないほど仲が悪くなっていた人が、ある時から普通に仲良く会話できるようになってしまった！　という報告が何件もあります。

それだけでなく、これからお伝えする体験談のように、明らかにDNAに働いているであろうというおもしろいものもあります。

◎体験談Ａ――心臓病発作の初期症状が起こらなくなった!?

子供のころ先天性の心臓病だった人が、たいっち♪を受講しました。

その人は既に心臓病の手術をしていたので、発作で死に至ることはなくなっていたそうです。

しかし、大人になってからも、ときどき発作の初期症状が起こることがあり、それが起こるとすごい不安や死の恐怖がやってきていたそうです。

たいっち♪を始めて以来、その発作の初期症状が一回も起こらなくなったとのことです。

先天的な心臓病なので、そこには**ＤＮＡの異常があったと思われるのですが、たいっち♪の修練で正常化されたのではないかと思われます。**

◎体験談B――10年間、行方不明だった兄が帰ってきた!?

この体験談は、たいっち♪受講生の中で伝説になっているビックリ体験談です（笑）
以下、本人の声を紹介します。

私には、10年前に行方不明になった兄がいました。

会社の寮から突然いなくなり、事件の可能性もあるということで、殺人、拉致、自殺か、と憶測しました。

しかし貯金には手がつけられていなかったので、「多分、自殺でしょう」と言われていました。

何人かの霊能力者に聞いたところ、もう生きてないとの回答でした。

あれから10年、そろそろ、死亡宣告届けを出そうと考えていました。

ところが、私がたいっち♪を受けてから、自分だけでなく母も明るくなっていきました。

そんな時、たいっち♪1Day修練会に参加しました。

すると次の日、兄が帰ってくる夢を見ました。

その10日後、ビックリ！　本当に兄が帰ってきたのです。

10日前に兄は、仕事中に突然喘息《ぜんそく》の発作に見舞われたそうです。

救急車で病院に運ばれ10日間ほど入院し、それが原因で家に帰ってくる流れになったのです。

兄は、それまで一度も喘息になんてなったことがなく、その後も、喘息は起きていません。

家族にとっては、死人が生き返ったくらいの奇跡でした。

兄が喘息の発作になった日は、まさに、私がたいっち♪1Day修練会に参加していた日です。

その日に兄が原因不明の喘息になり、その入院がきっかけで家に帰ってきたのは、まさに、たいっち♪の効果だ！　と思いました。

このことがきっかけで、ますますたいっち♪の修練に拍車がかかりました。

今では、小さな奇跡がごく当たり前になって、ハッピーがとまらない状態になっています。

しあわせ～。

不思議ですよね――♪

しかも、実は、たいっち♪を続けていたら行方不明の人が現れたという話が、他にも何件もあるのです（笑）

だからと言って、たいっち♪は行方不明者を探すための功法ではありませんので、勘違いしないでくださいね（笑）

本来、家族はＤＮＡが近いので、波動も近い。

つまり、波動の法則的には、お互いに見えたり聞こえたりしやすい存在です。

だからこそ一緒の家に暮らしていたり、また遠く離れて住んでいても電話でいつでも声を聞くことができたりするのです。

でも、成長する中でそれぞれのヅラがガチガチになってプンプン細胞が増えると、本来波動が合って理解し合えるものも理解できなくなり、波動が完全に合わなくなったら、このように現実でも見ることも聞くこともできない関係になってしまうのだと思います。

しかし、この例のように、**妹さんがたいっち♪を実践することで、ＤＮＡの波動が本来の**

自然体の状態に調整され、再びお互いの波動が合うようになって再会できたのだと思います。

おもしろいことに、妹さんは、ただ1Day修練会に参加して、楽しくたいっち♪を修練しただけです♪（笑）

思考を使って「お兄ちゃん、帰ってきて――♪」と唱えながら　たいっち♪をした訳ではありません。

トラウマやカルマを解消したり、過去生を癒したりした訳でもありません（笑）

それなのに、妹さんが、たいっち♪をしているまさにその日に、10年間行方不明のお兄さんは、一度もなったことがない原因不明の喘息で倒れ、病院に運ばれたのです。

妹さんとお兄さんは、本来持っている自然体のDNAではつながっているので、妹さんがたいっち♪の修練会で気を動かしながらDNAを整えたことで、遠く離れたお兄さんのDNAも、共鳴現象が起こって正常化されたのではないかと思います。

実は、咳を出す行為は、体の邪気を吐き出そうとする行為なのです。

妹さんがたいっち♪を修練して邪気を吐き出している同じときに、お兄さんは修練してい

ないのに共鳴現象が起こって、喘息で咳をいっぱいすることで妹さんと同じように邪気を体外に吐き出すことが起こったのだと思います。

そして妹さんもお兄さんもお互いの邪気が吐き出された結果、本来の自然体の気の流れを取り戻し、ＤＮＡも自然体に戻り、家族と波動が合って再会できる現実が起きたのだと思いいます♪

こうした体験談がいくつも報告されることから、僕の中では、たいっち♪を実践することは、**自分を救うことだけでなく、家族や先祖、地球、宇宙をも救ってしまうことになる気がしています（笑）**

実際、自分がたいっち♪することで、既に亡くなった家族や親戚が霊となって現れ、その人との間のわだかまりが自然に解けたという体験もいろいろとあります。

不思議な話と思うかもしれませんが、こうした報告はいくつもあるのです。

◎体験談C ―― 亡くなった父の姿が見えた⁉

次に紹介するのは、既に亡くなった家族の霊が現れたという体験談です。


修練をしていたら、自分の上に宇宙が見えました。

とっても美しくて壮大で、そのすごさに感動しつつ、宇宙にすっぽりと包まれて安心感に浸っていました。

そして、手で練っている気も宇宙になっていることに気づき大感動していたら、突然目の前が眩しくなり、亡くなった父が現れました（驚）

真っ白に光ってニコニコしながらそこにいました。

その姿を見ただけなのに、

「ああ、お父さんは生きている時も肉体を失ってからも、変わらずに愛してくれていたんだ……」

と思い、涙が勝手に流れてきました。

「ありがとう！　ありがとう！　お父さんも宇宙も、全部みんなありがとう!!」

という感謝の気持ちしか出てきませんでした。

メールを打っている今も、思い出して泣きそうです☆

しばらくしたら、父は光って上に登って消えちゃいました。

消えちゃったけど、淋しくないんですよね。

父のたくさんの愛情は、しっかり受けとれたから……

この体験をする以前の彼女は、心のどこかでお父さんに対してわだかまりが残っていたそうですが、この体験が起こったことで、すっかりそのことから解放されたと言っていました。

親子はＤＮＡが近いので、子供が幸せを感じれば、当然親は幸せを感じるものです。

この体験談は、彼女自身がたいっち♪の修練をして安心感を感じたことで幸せを感じ、波動でつながっている亡くなったお父さんも幸せになったということだと思います。

自分がたいっち♪することで、自分自身が幸せになり、その波動が自分とつながっている亡くなった人達をも自然に幸せにしていくのです。

さらに不思議な体験談があります（笑）

今度は、たいっち♪をしていると、先祖のみんなが幸せになるという体験談です（笑）

◎体験談D ―― DNAの連鎖反応で、先祖、地球、宇宙も幸せにする!?

ある方の体験では、たいっち♪を家で修練していたある日、突然、亡くなったおじいちゃんやおばあちゃんや、ご先祖さま達の霊が目の前に現れたのというのです。

そして、みんなで宴会のようなものを開いて祝杯をあげていたそうです。

さらに、**その霊のみんなが言うには、**

「末裔《まつえい》のものが、たいっち♪をしてくれると、先祖はみんな幸せになるんじゃー！♪」

と大喜びしていたそうです（笑）

驚きの話ですが、似たような体験をした人は他にもいるので、たいっち♪をするとDNAに働き、ご先祖のみなさんにもその効果がもたらされるようです。

繰り返しになりますが、私達が「今ここ」に存在できているのは、両親が存在したからであり、そして、ご先祖のみなさんが一代も絶えることなく、生命をつないでくれた証であり、そして、その生命を生み出した地球が存在したからであり、さらには宇宙が誕生してくれたからなのです。

そして、**私達の体の細胞核の中に存在しているDNAは、まさに宇宙からの贈り物であり、ご先祖のみなさん、そして両親からの素晴らしい贈り物なのです。**

たいっち♪を実践して自分の「体」を大切にし、DNAを大切にするということは、自分のDNAを生み出した両親を大切にすることであり、そして、両親を生み出したおじいちゃん、おばあちゃんを大切にすることであり、さらに、一代も絶えることなく続いてきたご先祖のみなさんを大切にすることであり、さらには、DNAをつなぎ続けたあらゆる生命を大切にすることにもつながり、その生命を生み出した地球をも大切にすることにつながり、ついには、この地球を生み出した宇宙を大切にする行動につながっていると思うのです♪

浮かばれない先祖の霊がいたとしても、たいっち♪しているだけで、みんなが幸せになっていくのかもしれませんね♪

周りの人を幸せにしたいならば、まずは自分を幸せにすることが大事と言われますが、自分を幸せにするということは、漠然としていて難しいことだったりします。

頭で考えて自分だけが幸せになることを追求し続けると、エゴイストと呼ばれて嫌われたりします（笑）

たいっち♪を実践すると、まず自分の「体」が幸せを感じやすい体質になるので、自分がまず幸せになるのですが、エゴイストのように自分だけが幸せになる訳ではないのです。

たいっち♪を実践すると、自分の「体」に宿っているＤＮＡに働きかけることで幸せを感じる能力が高まります。

すると、波動の法則によって近い波動に影響が与えられるので、両親のＤＮＡを幸せにし、ご先祖さま達を幸せにし、ＤＮＡを生み出した地球をも幸せにし、さらに地球を生み出した宇宙をも幸せにしてしまうのです。

これは僕の仮説だったのですが、今では前出のような体験談が沢山報告されるため　たいっち♪をすることは、本当に両親、ご先祖さま達、そして地球、さらには宇宙すべてを幸せにする功法なのだという思いがますます強くなっています。

あなたは幸せになってよかったのです♪

そして、幸せになったあなたが　たいっち♪を実践することは、あなたが意識しようとしまいと、DNAの波動でつながっている宇宙全体を幸せにすることなのです。

あなたの幸せは、宇宙の幸せでもあるのです。

宇宙すべてを幸せにするたいっち♪♪（笑）

毎日続けたくなってきましたか？？（笑）

すべてがパーフェクトのTV「すべぱー」（笑）

幸せを感じる「幸能力」を高めることで、幸せを感じやすくなります。

そして、幸せを感じるからこそ「幸せな思考」が生まれ、「幸せな思考」が「幸せを感じる現実」を引き寄せ続けていくのだと思います。

そして、その「幸能力」を高めるのに、楽して楽しい最適な方法が、たいっち♪を実践することなのです。

是非、たいっち♪を実践して幸能力を高めることで、今ある幸せを感じ、それによって周りの存在に幸せな波動を広げ、さらには、自分を創造してくれた両親や先祖、地球、そして宇宙に、その幸せな波動を広げていってください♪

「今ここ」を生きる♪

頭で考えると難しいことですが、頭で考えることをお休みして、タンタンとたいっち♪を実践し続けることで、もしかしたら、Angel Hiroや、たいっち♪受講生のように、心から幸せを感じやすくなり、自然に「今ここ」を生きやすい人生になるかもしれません。

この本は頭で考えると難しく思えるかもしれません。

しかし、Angel Hiroの伝えているたいっち♪は、「楽道」の世界です♪（笑）

僕の考え方が正しいとか間違っているとかは、実はどうでもいいことなのです♪

それよりも、**頭で幸せを考える状態から、体全身で幸せを感じられる状態になる**ために、たいっち♪を楽しく実践し続けてみませんか？

もしかしたら、「楽して楽しく宇宙（道）を生きることができる」という、中国人の有名な道教のグランドマスターからもらったAngel Eiroの道教ネームである「楽道」（笑）の世界を、一緒に味わえるようになるかもしれません♪

ただし、僕を信じてはいけません♪

信じる者は救われません♪（笑）

「楽して、楽しんで、宇宙を歩んでいい♪♪」

「今、この瞬間から幸せになっていい♪」

そんな風に、自分に許可してみてください♪

幸せになっていいという許可は、神様や誰かからもらうものではなく、自分自身が「もう幸せになっていい」と許可してあげることが本当に大切なのだと思います♪

この楽道という道教ネームは、過去の僕に心から伝えてあげたかった言葉でした。

僕は頑張って苦労して、「苦道」の世界（笑）を生きてこそ、幸せになれるはず！　というヅラをかぶっていましたから。。。（笑）

「苦しんで苦労して努力して頑張ってこそ、幸せをつかむことができるんだ！」と思っていました。

生まれた時代や起きてしまった出来事、思いもよらぬ体験、すべてがつながっていたから、僕は苦しいヅラをかぶらざるを得なかったのです。

誰のせいでもなかったのです。

何のカルマでもなかったのです（笑）

でも今は、そんなヅラをかぶらざるを得なかった人生にも感謝しています♪

その苦しいヅラをかぶらなければ、今のたいっち♪の世界観を見つけることができなかったと思うからです。

僕は、「自分は幸せになってはいけない存在なんじゃないか?」とずっと思っていました。幸せを感じることがあっても、必ずいつか不幸がやってくる! と未来をいつも心配していました。

「いい事があったら、悪いことがやってくるヅラ」もかぶっていました（笑）

小学校6年生になってから、クラスのみんなからいじめられ、学級会でさらし首のようにつるしあげられた体験をして、強烈な人間不信という深いトラウマを持ってしまったため、いつも心のどこかで「誰も信じられないし、誰も自分のことを本当に理解してはくれない」

という強烈な孤独感を持っていました。

でも、たいっち♪を実践し続けて、今ではその孤独感とも友達になれました♪

ひとりぼっちじゃなかったのです。

どこにいても、やっぱり宇宙の一部なんだとわかりました。

たいっち♪を実践したおかげで、自分の心の闇とも友達になれました♪

そして、「今ここ」にある幸せを、沢山感じられるようになったのです。

もともと持っている孤独感を感じやすい部分は、今でも僕の中にあります。

でも、だからこそ、「今ここ」にある幸せを何百倍にも深く感じることができるのだと思います♪

僕にとって、この孤独感は、人生のフルコースを深く味わうためのスパイスです。

おっと、誰かの歌詞をパクッているようですね（笑）

でも、本当に人生のフルコースにスパイスのような体験が入ることで、人生の味わいはより深くなると思うのです。

こうした自分の闇と思えるスパイスが入ることで、当たり前と思っている日常は、当たり前ではないことに深く気づくことができるのです。

そして、本当に「今ここ」のこの世界は、奇跡の連続の宇宙の結晶であり、宝なんだ！ということを感じ、「今ここ」にある幸せをより深いレベルで味わえるようにもなっていくのです。

かつての僕は、
「すべてがつながっている世界、ワンネス体験をしたら、孤独感はなくなるはず」
そんなヅラをかぶっていました（笑）
しかし、すべてがつながっているということは、本当にすべてがパーフェクトだったのです♪

孤独感を持っている自分を含めて、パーフェクト♪

すべてがつながっている世界を体験すればするほど、孤独感を敵視して排除しようとしたり、逆に孤独感を光に変えようとしたり、無理に手放そうとしたりする必要はなかったのです。
たいっち♪的な視点から見ると、手放す必要のあるものなど何もありません。
たいっち♪は手放す世界ではなく、手をつなぐ世界です♪
すべてはつながっているからです♪

孤独感とも手をつなぐと、そのまんま、あるがままの自分を受け止められるようになって、その孤独感は必要以上に力を持たなくなりました。

喜びをキャッチするニコニコ細胞というアンテナが張り巡らされるようになったため、孤独を感じて落ち込んでも、幸せな感覚を取り戻すきっかけを自然にキャッチし、落ち込んでも立ち直りがすごく早くなり、人生を楽しめる瞬間がどんどん増えていったのです。


改めてもう一度、この本を読んでいるみなさんも、自分で自分に「幸せな人生を過ごしていい♪」と許可してみてください♪

それが自立の第一歩になるのです。

神様や、自分ではない誰か外の存在に許可をもらうのではなく、自分自身の内側に力を与えてあげましょう♪

自分の中で、変えなければならないところなんて、何一つなかったのです。

すべては一つで、すべてがつながって、今のあなたが存在しているのですから。

今のあなたは今のあなたのままで、そのままのあなたでよかったのです。

今の等身大のあなたが、宇宙の奇跡の結晶そのものだったのです。

背伸びをする必要もありません。

強がる必要もありません。

あなた自身が変わる必要もありません。

僕は、体というアンテナが曲がっていたために、宇宙が曲がって見えていただけなのです。

つまり、そのときはその状態でパーフェクトだったのです。

アンテナが曲がっていることが悪いわけでもありません。

逆に、アンテナが曲がっていたからこそ、今、こうして、すべてがつながっている世界の素晴らしさに深く深く感動することができるのです♪

当たり前の日常生活と思っている、今この瞬間は、実は当たり前ではないのです。

奇跡の連続でできあがっている宇宙がつくり出した、素晴らしい奇跡の世界なのだと思います。

出会ってくれているすべての人達は、一代も絶えることのなかったご先祖さまがいて、そして宇宙すべてがつながってきたからこそ「今ここ」にいる「奇跡の存在」なのです。

僕は、「目に見えない世界こそが大事だ」と思って、スピリチュアル・ヅラでガチガチだっ

たともありました。

しかし、たいっち♪を続けたことで、目に見えないものも大事だけれど、**今、目の前に存在している現実世界に見えるものは、宇宙の始まりから今現在まで、すべてがつながっているからこそ存在している奇跡の結晶なんだと感じ、「今ここ」に存在しているすべての存在は、本当に有難いものなんだと感じられるようになったのです。**

有難いとは、めったにないこと。

そうです。

「今ここ」、この瞬間、瞬間こそが、当たり前の現実ではなく、めったにない、奇跡の連続の瞬間なのです。

たいっち♪を実践し続けることで、ニコニコ細胞のアンテナが沢山増えて、「今ここ」に既に存在しているすべてがつながっていて、「すべてがパーフェクト」な世界が見えるようになるかもしれません。

唐突ですが、衛星放送のスカイパーフェクトTVは、「すかぱー」って呼ばれていますよね？（笑）

この本を読んだみなさん、よかったら、**すべてがパーフェクトという番組ばかりが見えるTV、「すぺぱー」（笑）に加入しませんか？**

チャンネルのスイッチは、あなたの心の中にあります。

ほんの小さな実践でも、毎日続けると力になるのです♪

いや、**ほんの小さな実践を継続し続けることこそが、最大の力になるのだと思います♪**

是非、5分から、たいっち♪を毎日実践し続けてみてください♪

あなたの内側に、幸せを感じやすくなるアンテナが立ちますように♪♪

この本が、みなさんの幸せを感じる能力「幸能力」が高まるきっかけになったら嬉しいです♪

多くの人が、幸せをいっぱい感じて、毎日ニコニコ笑顔あふれ、笑いあふれる人生になりますように♪♪

Angel Hiro の不思議な世界にお付き合いいただき、僕の長い長い体験談を読んでくださって、本当にありがとうございました。

最後まで読んでくださったみなさんに本当に感謝の気持ちでいっぱいです♪

この本を読んでくださっているみなさんに、本を通して出会えていることに心から感謝の気持ちでいっぱいです。

この本に出会ってくれて、ありがとうございます♪

最後まで読んでくださって、本当にありがとうございます♪

この広い広い宇宙で、僕を見つけてくれて、ありがとう♪

すべてがつながったおかげで、みなさんと「今ここ」で出会っている奇跡に感謝の気持ちでいっぱいです。

本当に、ありがとうございました♪

おわりに

本文を書き終えて、**最後に書きたいことは、みなさんへの感謝の気持ちです。**

たいっち♪の出版依頼をしてくださったＢＡＢジャパンの上杉さん、本当にありがとうございました。上杉さんにつないでくれた水原敦子ちゃんにも感謝しています。また、この本に僕の天使のイラストを使い、本の校正を行ってくださった森口さんにも感謝の気持ちでいっぱいです。表紙に使われることになった天使の絵は一番気に入っているものなので、本当に嬉しく思っています。そして、ＢＡＢのみなさまもありがとうございました。

また、澤部はなちゃんが、原稿をチェックしてくれたことにも感謝の気持ちでいっぱいです。

さらに、この本が出せることになったのは、たいっち♪のコースを受講してくれた沢山の人達のおかげです。みなんさん本当にありがとう。

そして、会社を設立し、ショップ＆サロンまでオープンできているのは、まったく無名だった僕に仕事の場を与えてくれた　ダイナビジョンの穴口恵子さん、そして、ナディアの島居裕見子さんのおかげです。本当に感謝の気持ちでいっぱいです。

さらには、僕に元極を教えてくれた先生たち、スピリチュアルや成功哲学を教えてくれた先生達、沢山の素晴らしい先生に恵まれたからこそ、今の僕があります。本当にありがとうございました。

妻の多美ちゃんには感謝の言葉をいくつ書いても足りないくらいに感謝しています♪　僕のボロボロの人生を陰で支えてくれたことに、感謝の気持ちでいっぱいです。出会ってくれて、ありがとう。

最後に、僕をこの世界に創造してくれた、お父さん、お母さんに感謝の気持ちでいっぱいです。僕を生んで、そして育ててくれて、本当にありがとう。いろいろ心配かけましたが、今、僕は本当に幸せです。人間として生まれてよかった。お父さんとお母さんの子供として生まれて本当によかった。本当に、ありがとう♪　そして、先祖のみなさん、生命をつくり出した地球、宇宙に、感謝の気持ちでいっぱいです♪　みんなみんなありがとうー♪

ボロボロで感謝の気持ちなんて湧いてこなかった僕自身が、今、こんなに感謝できるようになったのは、すべての出会いがあったからこそです。その中でも、たいっち♪の理論と実践法に気づいていったことが一番大きかったと思います。

この本に出会ったみなさんが、たいっち♪で幸能力を開発し、幸せをいっぱい感じる人生になりますように♪　最後まで読んでくださってありがとうございました。

著者◎ Angel Hiro　エンジェル・ヒロ

Angel House 主宰。たいっち♪創始者であり、指導を行う。道（タオ）を伝える資格も持つ。米国クリスタルアカデミー認定ティーチャー。株式会社 Happy Happy Crystal School 代表取締役。現在は、たいっち♪とクリスタルヒーリングのワークを、東京、宮崎、群馬、鳥取、名古屋など各地で行っている。

http://www.happyhappycrystal.com/

◎たいっち♪のセミナー情報

この本を読んで、本格的にたいっち♪を習いたくなった方は、2日間のたいっち♪入門コースを受講してください♪　誘導 CD 及びテキストで、ますます楽道の世界につながって行くかも？（笑）　詳細は下記ホームページ内の、たいっち♪のページをご覧ください。

ハッピーハッピークリスタルショップ＆サロン
〒 158-0096
東京都世田谷区玉川台 2-23-1 スリーリーフ 103
TEL : 03-6805-6988
E-mail : angelhiro@happyhappycrystal.com
HP : http://www.happyhappycrystal.com/

本文イラスト◎ Angel Hiro
装丁◎中野岳人

幸せ波動をキャッチする
天使の気功♪

2010 年 8 月 30 日　初版第 1 刷発行
2016 年 12 月 10 日　　第 4 刷

著　者　　Angel Hiro
発行者　　東口 敏郎
発行所　　株式会社ＢＡＢジャパン
〒 151-0073 東京都渋谷区笹塚 1-30-11 中村ビル
TEL　03-3469-0135　　FAX　03-3469-0162
URL　http://www.bab.co.jp/
E-mail　shop@bab.co.jp
郵便振替 00140-7-116767
印刷・製本　大日本印刷株式会社

ISBN978-4-86220-531-5 C2077